ACADEMIA DISNEY

DOUG LIPP

ACADEMIA DISNEY

O programa de treinamento de uma das mais poderosas marcas do mundo

Editora Saraiva

ISBN 978-85-02-22347-9

CIP-BRASIL. CATALOGAÇÃO NA FONTE
SINDICATO NACIONAL DOS EDITORES DE LIVROS, RJ.

L741a
Lipp, Doug
Academia Disney: o programa de treinamento de uma das mais poderosas do mundo / Doug Lipp ; tradução Luiz Euclydes T. Frazão Filho. – 1. ed. – São Paulo : Saraiva, 2014.
208 p. ; 23 cm.
Tradução de: Disney U
ISBN 978-85-02-22347-9
1. Marcas de produtos - Administração. 2. Trabalhadores – Treinamento. I. Título

14-08723 CDD: 658.827
CDU: 658.827

Editora Saraiva

Rua Henrique Schaumann, 270
Pinheiros – São Paulo – SP – CEP: 05413-010
PABX (11) 3613-3000

SAC **0800-0117875**
De 2ª a 6ª, das 8h30 às 19h30
www.editorasaraiva.com.br/contato

Diretora editorial Flávia Alves Bravin
Gerente editorial Rogério Eduardo Alves
Planejamento editorial Rita de Cássia S. Puoço
Editoras Debora Guterman
Gisele Folha Mós
Luiza Del Monaco
Paula Carvalho
Produtoras editoriais Daniela Nogueira Secondo
Rosana Peroni Fazolari
Comunicação e produção digital Nathalia Setrini Luiz
Suporte editorial Najla Cruz Silva
Arte e produção MSDE/MANU SANTOS Design
Capa Guilherme P. Pinto
Produção gráfica Liliane Cristina Gomes
Atualização da 2ª tiragem Join Bureau
Impressão e acabamento Assahi Gráfica

Traduzido de Disney U, de Doug Lipp.
Tradução autorizada da edição em inglês publicada nos Estados Unidos pela McGraw-Hill.

1ª edição
1ª tiragem: 2014
2ª tiragem: 2014

381.960.001.002

A Walt e Van

PREFÁCIO

Walt Disney e Van France são originariamente norte-americanos.

Em virtude dos esforços inovadores dos dois, o mundo é um lugar melhor para todos nós. Milhares de páginas de livros e inúmeras horas de documentários e filmes já analisaram a inimitável combinação de criatividade, compaixão e inabaláveis padrões de qualidade de Walt. As lições que ele ensinou a mim e a muitos outros são suficientes para encher uma biblioteca.

Entretanto, praticamente nada foi escrito sobre meu mentor, Van France, e seu papel como fundador da Disney University. Eu havia acabado de sair do Exército e estava trabalhando na Disneylândia quando, durante um encontro casual com Walt Disney, ele sugeriu que eu falasse com Van sobre algumas ideias que eu tinha sobre treinamento na Disneylândia. Walt me disse:

– Tem um camarada na Administração chamado Van France que você deveria conhecer. Van está iniciando um projeto chamado "Universidade da Disneylândia". Se você estiver interessado em fazer treinamento, procure o Van e diga-lhe que foi indicado pelo Walt.

Van acabou pedindo a mim e a várias outras pessoas que o ajudássemos a implantar o que viria a ser a Disney University. Nosso relacionamento se estendeu por 30 anos, e, durante esse período, Van acabou se tornando meu conselheiro de confiança e um amigo querido. Van era um educador e instrutor privilegiado. Sua excepcional capacidade para reunir e transmitir informações de forma eficaz se devia à sua habilidade de ouvir e conquistar confiança, pré-requisitos vitais para qualquer líder. Ele realmente ouvia! Nem sempre concordava e estava longe de ser uma pessoa influenciável (qualidades que muitos executivos da Disney podem confirmar). Tirando Walt Disney, não me ocorre ninguém mais flexível para se relacionar com os integrantes do elenco em todos os níveis da empresa.

Van era franco, seu feedback era sincero e se sentia igualmente à vontade para desafiar qualquer coisa, da utilidade das políticas tradicionais às abordagens de liderança dos mais poderosos. Era corajoso.

Tive Van em mente durante todos os momentos dos projetos Tokyo Disney Resort e Disneyland Paris Resort. Anos antes, ele me ensinou que uma pessoa não consegue fazer tudo sozinha. Ensinou-me a pensar de forma criativa e a delegar.

As lições de Walt Disney e Van France inspiraram a mim e inúmeros integrantes do elenco Disney em todo o mundo. Espero sinceramente que essas lições ocupem seu merecido lugar no palco global.

Jim Cora,
Presidente aposentado do conselho de administração da Disney

NOTA DO AUTOR

Van France, "uma estranha combinação de Grilo Falante, Mary Poppins e Pato Donald"

Foi uma noite que jamais esquecerei. Bombardeamos Van com uma infindável torrente de perguntas:

– Como era trabalhar com Walt?

– Até que ponto a Disneylândia seria diferente hoje se Walt estivesse conosco?

– O que Walt faria?

– O que Walt diria?

– Que tipo de líder era Walt?

Fizemos a Van essas e outras perguntas sobre os velhos tempos, quando trabalhava diretamente com Walt Disney. Para nós, interagir com uma das verdadeiras lendas vivas da empresa era uma rara oportunidade, e estávamos determinados a aproveitá-la ao máximo. Van a princípio estava paciente, até mesmo elegante, respondendo a todo tipo de pergunta que, certamente, já havia respondido milhares de vezes antes. Não me lembro realmente qual foi a pergunta que o atiçou – talvez tenha sido quando lhe pediram que apresentasse sua visão para o futuro da empresa –, mas, em um instante, ele deixou de ser aquele educado estadista de meia-idade para se transformar em um turbilhão de energia profana. Em seu inimitável estilo, disparou freneticamente, seguindo um padrão alternado, ora compartilhando suas frases favoritas de Walt, ora nos desafiando.

– Como eu poderia saber? Vocês é que devem ser os futuros líderes deste lugar! O que *vocês* acham?

Nós acabávamos de testemunhar a paixão e o temperamento lendários de Van France, o fundador da Disney University.

Estávamos reunidos no teatro principal da Disney University, na Disneylândia, justamente a instituição que Van ajudou a criar. Eu era um dos 20 estagiários de liderança naquela plateia, cada um representando uma das várias divisões operacionais da empresa. Havíamos optado por participar de um rigoroso treinamento de liderança de seis meses conhecido como o Programa de Estágio em Gestão Administrativa da Disney. A maioria dos participantes estava na faixa dos vinte e poucos anos e entusiasmada por participar de um programa destinado a preparar os futuros líderes da empresa. No desempenho de sua atribuição como palestrante convidado, Van abriu o programa e fez um trabalho admirável, estabelecendo o tom do evento. Ele nos deu um depoimento pessoal do que significara trabalhar diretamente com Walt Disney e o que ele aprendera com esse líder surpreendentemente criativo, sempre exigente, focado como um laser e carismático. Para a maioria dos presentes, aquela noite marcou o início de uma jornada de liderança extremamente intensa e gratificante. Como atuais e futuros líderes da empresa, como manteríamos vivos todos os sonhos, as paixões e os objetivos de Walt Disney?

Para minha sorte, aquela não foi a única vez que tive contato com Van. Entre os 20 estagiários, eu era um dos dois designados para a divisão de Recursos Humanos. Como a Disney University fazia parte da divisão de RH, tive muitas outras chances de interagir com Van. Meu objetivo profissional era ocupar um cargo na gerência da Disney University, por isso eu passava muito tempo como estagiário aprendendo o máximo possível com os treinadores e gerentes da universidade, inclusive o próprio Van.

E qual é a ligação com o Grilo Falante, Mary Poppins e o Pato Donald?[1] Essa descrição precisa de Van é compartilhada por muitos que trabalharam com ele, especialmente Dick Nunis, ex-presidente do conselho de administração da Walt Disney Parks and Resorts e membro da diretoria da Walt Disney Company. Dick saberia; ele foi a primeira pessoa que Van contratou na Disneylândia. A função de Dick na empresa era ajudar Van a criar o primeiro programa de orientação e treinamento de funcionários da Disney. Walt precisava de funcionários que "criassem alegria", e cabia a Van e ao seu novo funcionário, Dick, assumir o comando.

O Grilo Falante é conhecido por seu incansável incentivo a Pinóquio, orientando-o a seguir um caminho mais honesto – mesmo depois de Pinóquio ignorar repetidamente seus conselhos. Mary Poppins, como babá de duas crianças cheias de energia, é famosa por catequizá-las a fazer a coisa certa, cantando: "uma colherada de açúcar ajuda o remédio a descer". Assim como esses dois personagens, Van era a bússola moral da empresa. Mas seu estilo não poderia ser mais diferente do que o do Grilo Falante e o da elegante Mary Poppins. O estilo de Van era semelhante ao do Pato Donald, o amado personagem conhecido por suas explosões de temperamento. Assim como o irascível Donald, Van era rápido em tecer uma enxurrada de críticas a qualquer um que não perpetuasse o sonho de Walt.[2]

Van, com 1,77 metro de altura e talvez 61 quilos – encharcado de suor –, impressionava. Ele acreditava apaixonadamente no sonho de Walt e exigia a mesma paixão daqueles à sua volta. Aliás, Van era, na verdade, muito parecido com o próprio Walt. O sonho de Walt de criar um lugar que oferecesse uma experiência única de entretenimento para toda a família – a Disneylândia – era refletido pelo sonho de Van de criar um mesmo lugar que oferecesse uma experiência única de treinamento de funcionários – a Disney University.

Durante seus mais de 30 anos na empresa, Van vivenciou os muitos altos e baixos inerentes à vida corporativa. Testemunhou em primeira mão alguns sucessos – e fracassos – espetaculares da Walt Disney Company. Ele aprendeu com essas experiências e – sempre o treinador – não perdia tempo em compartilhar suas opiniões.

Munido de uma clara visão e de apoio da liderança, e cercado por uma equipe extremamente talentosa, Van France criou uma instituição que continua a definir excelência e sucesso sem paralelo. A Disney University desempenha um papel importante na formação de funcionários inigualáveis quando se trata de simpatia, conhecimento, atenção, paixão e atendimento ao cliente. Os parques temáticos e resorts Disney em todo o mundo são a principal atração; a Disney University treina o elenco coadjuvante que ajuda a criar a mundialmente famosa Magia Disney.

Van France, professor emérito das Universidades Disney, era um dínamo criativo. Hoje, as lições de liderança que ele compartilhou com tantas gerações de funcionários da Disney são mais importantes do que nunca. Van, uma estranha combinação dos três personagens mais famosos da Disney – Grilo Falante, Mary Poppins e Pato Donald – exalava qualidades e valores que todo líder deve se esforçar para alcançar: uma direção claramente definida, compromisso e paixão inabaláveis.

Van France morreu em 1999. Suas lições de liderança, porém, continuam vivas e repletas de energia.

NOTAS

1. FRANCE, Van Arsdale. Window on main street: 35 years of creating happiness at Disneyland Park. Nashua, NH: Laughter Publications; Stabur Press, 1991. p. 4.
2. Entrevistas com Tom Eastman, diretor-corporativo aposentado, Disney University, 29 de maio, 28 de julho e 08 de agosto de 2012; entrevista com Kris McNamara, vice-presidente aposentado de Política Ambiental, The Walt Disney Company, 11 de agosto de 2012.

SUMÁRIO

Prólogo

"AJUDE-ME A CRIAR O LUGAR MAIS ALEGRE DA TERRA'"

A mensagem para Van foi clara:

Precisamos que você transforme um grupo heterogêneo de californianos, sem nenhuma experiência empresarial, em produtores do "Sonho ***Disneylândia****"*[1]

Com essas palavras, Van France, professor emérito e fundador da Universidade da Disneylândia – hoje chamada Disney University –, foi encarregado da tarefa de ajudar Walt Disney a criar "O lugar mais alegre da Terra".

Isso foi no início de 1955, e o sonho de Walt Disney de criar um mundo de fantasia – *um parque temático* – onde jovens e velhos pudessem se divertir em um clima familiar, finalmente, estava se tornando realidade. Faltavam apenas alguns meses para a grandiosa inauguração da Disneylândia, prevista para o dia 17 de julho de 1955, e Walt precisava da ajuda de Van.

Walt reunira algumas das mentes mais brilhantes da época para projetar e construir seu parque, e todos estavam trabalhando em ritmo frenético para concluí-lo. A transformação já havia começado; o que um dia havia sido vários hectares de pés de laranja em Anaheim, Califórnia, agora eram prédios e sofisticadas atrações que logo passariam a ser conhecidos como a Disneylândia. Enfim, o palco estava quase concluído, e caberia a Van fornecer o elenco para produzir o espetáculo. Walt estava construindo um lugar único, e agora precisava de pessoas apaixonadas para trabalhar lá.[2]

Walt Disney tinha muitos arquitetos para os prédios. O que ele precisava desesperadamente agora era de alguém como Van – alguém que fosse o *arquiteto humano*, alguém capaz de ser tão criativo na elaboração do processo de orientação e treinamento de funcionários quanto os *verdadeiros* arquitetos haviam sido em seus projetos paisagísticos e de construção. Cabia a Van e sua equipe desenvolver funcionários capazes de "criar alegria". Aos 42 anos, Van France já tinha muita experiência como treinador em empresas do setor de produção e na área militar. Estava, pois, recebendo uma oportunidade inédita.

Van conheceu Walt, seis meses antes, no complexo dos Estúdios Disney, em Burbank, Califórnia. A reunião foi realizada no Prédio da Animação, que abrigava todos os artistas e executivos que transformaram o sonho Walt em realidade. Era lá também que estava localizado o escritório de Walt Disney. De acordo com Van, "Estacionei o carro no estacionamento de visitantes e segui a pé pela Alameda Branca de Neve; passei pela Dopey Drive e, finalmente, alcancei a Avenida Mickey Mouse e cheguei ao Prédio da Animação, um pequeno edifício de três andares dos Estúdios".[3] Van imediatamente notou que se tratava de um tipo diferente de empresa. Aquele ambiente de trabalho estava a anos luz de distância de onde ele havia passado a maior parte de sua vida profissional; como especialista em treinamento no Exército dos Estados Unidos, em uma montadora de automóveis e quando ele fora responsável pelo treinamento em uma fábrica de aeronaves. Havia trabalhado até em uma fábrica de sutiãs.[4]

Naquela época, os Estúdios Disney tinham uma atmosfera maravilhosamente descontraída. Um grande dossel de árvores protegia os prédios sempre muito bem mantidos, muitos em estilo *art moderne*, tão popular, quando os Estúdios foram construídos, no fim da década de 1930.[5] Van soube mais tarde que esse estilo arquitetônico, que incorporava longas janelas horizontais ao projeto, permitia a entrada de muita luz natural no Prédio da Animação – um benefício para os artistas e animadores. A grama bem cortada, pontilhada com bancos de parque, contribuia para a sensação de se estar em um câmpus universitário, e não na sede de um conglomerado disposto a mudar para sempre o mundo empresarial.

Aquele era o início de uma segunda carreira para Van Arsdale France – uma carreira que se tornaria legendária. A pressão que Van sentiu naquele dia não foi diferente da que os gerentes, empresários e líderes sentem hoje – produzir ou sair do caminho. Van sabia que Walt já havia despejado muitos anos e milhões de seus próprios dólares em um projeto que, segundo as previsões de um exército de especialistas, seria um fracasso financeiro. Ele queria ajudar Walt a provar que os céticos estavam enganados e, por essa razão, aceitou o desafio de trabalhar no sonho de Walt.

Ajudando Walt Disney a criar "O lugar mais alegre da Terra", Van France e sua dedicada equipe iniciaram, em 1955, uma revolução empresarial que acabou por se tornar a Disney University – uma instituição que mudou para sempre a profissão de treinamento e desenvolvimento de funcionários. Ao longo do trajeto, Van e sua equipe aprenderam e compartilharam muitas lições sobre criatividade, flexibilidade e mudança, sobre liderança e sustentabilidade. Dos meses e dias agitados que antecederam a grandiosa inauguração da Disneylândia até as décadas subsequentes de crescimento, houve uma onda estrondosa de sucesso e alguns desafios angustiantes, que acabaram por se tornar valiosas lições para a liderança da Disney e para Van. Sempre um perspicaz observador do comportamento humano, Van não perdeu tempo em desafiar a equipe da Disney University e os líderes da empresa a transformar esses eventos em oportunidades de aprendizado e lições – para maximizar os sucessos e minimizar os fracassos. Essas lições são a essência deste livro.

Van France seria a primeira pessoa a dizer que não criou essas lições; ele hesitaria para desviar a atenção de si próprio. Afinal, quantas vezes ele havia repetido as célebres palavras de Walt para legiões de novos funcionários?

"A Disneylândia é a estrela; tudo o mais interpreta papel coadjuvante."[6]

Van provavelmente atribuiria o valor que reside em toda e qualquer lição ao brilhantismo de Walt Disney. E logo trataria, também, de atribuir esse crédito à talentosa equipe de pioneiros da Walt Disney Company e da Disney University.

Van e sua equipe nem sempre concordavam, mas eles aprendiam uns com os outros. A complexidade do pedido de Walt a Van, "Ajude-me a criar 'O lugar mais alegre da Terra'", é atordoante. Foi Van quem recebeu essas ordens e as tornou gerenciáveis. Os comentários feitos pelos executivos da Walt Disney Company e pelos pioneiros da Disney University, aqueles que trabalharam com – ou para – Van, refletem uma versão desse mesmo sentimento:

"Até hoje, surpreendo-me com a maneira como Van tornava o inerentemente complexo tão simples. Isso não significa simplismo ou 'falta de inteligência'."

"Van pegava mensagens teóricas e as tornava digeríveis, compreensíveis, factíveis e sustentáveis."[7]

"Van tinha a incrível capacidade de articular o complexo."

"Van tornava o aprendizado divertido."

Por fim, além de Walt, há outra pessoa a quem Van atribuiria o crédito de ***a*** força motriz por trás da Disney University – Dick Nunis, ex-presidente do conselho de administração da Walt Disney Parks and Resorts e membro da diretoria da Walt Disney Company, que foi originalmente contratado por Van para ser seu assistente. Nos anos subsequentes, seus papéis se inverteram e Van passou a se reportar a Dick. O dinâmico relacionamento dos dois se estendeu por décadas, e juntos transformaram o sonho de Walt em realidade por meio da Disney University.

Mais de meio século depois que eles se conheceram, as lições da Disney University continuam vivas e cheias de energia nos estabelecimentos Disney em todo o mundo. Essas lições são eternas.

NOTAS

1. FRANCE, Van Arsdale. *Window on main street,* p. 10.
2. Entrevista com Dave Smith, diretor-arquivista emérito da Walt Disney Archives, 15 de junho de 2012.
3. FRANCE, Van Arsdale. *Window on main street,* p. 9.
4. Entrevistas com Jim Cora, presidente aposentado do Conselho de Administração, Disneyland International, 08 de março, 09 de maio, 14 de maio e 26 de julho de 2012.
5. Entrevista com Dave Smith, diretor arquivista emérito da Walt Disney Archives, 15 de junho de 2012.
6. Entrevistas com Thor Degelmann, vice-presidente aposentado de Administração e RH, Disneyland Paris Resort, 07 de maio e 14 de junho de 2012.
7. Entrevistas. Baseado nas declarações de todos os entrevistados.

O QUE SE PASSA POR TRÁS DA CORTINA: A ORIENTAÇÃO

O que acontece "nos bastidores" acabará "no palco". Se não formos simpáticos uns com os outros... sorrindo e dizendo "bom dia" e coisas assim, teremos uma atitude semelhante em relação aos nossos convidados.[1]

– Van Arsdale France, fundador e professor emérito da Disney University

Disney University, 17h

Sophie se sentou na sala de treinamento e não conseguia tirar o sorriso do rosto. Aliás, suas bochechas estavam doendo de tanto rir e sorrir nas últimas oito horas. O programa de orientação havia terminado. Ela agora era uma formanda pela Disney University e estava pronta para sair de lá e criar "O lugar mais alegre da Terra".

É claro que havia sido um longo dia, mas nem parecia. Quanto mais ela pensava – em seu primeiro dia como membro do elenco Disney –, mais começava a fazer sentido. Ela pensava em tudo que havia vivenciado; nas apresentações feitas pela equipe de treinadores, nos vídeos, na visita de familiarização ao parque e, por fim, em sua interação com outros treinandos. Um dia inteiro de informações havia passado voando. "Embora tenha havido muita coisa séria, o que será que tornou essa experiência tão agradável?", Sophie se perguntava. O que fazia que ela se sentisse tão motivada e ávida por sair porta afora para pôr mãos à obra?

"A que horas é o desfile das 15h?" "Onde meu carro está estacionado?" Quem faria perguntas tão bobas?, ela pensava. Sophie entendia que os convidados perguntariam "Onde está o Mickey Mouse?" ou "Onde é o banheiro?" Mas uma pergunta sobre o *desfile das 15h*? Isso só pode ser brincadeira! Bem, de acordo com Hector e Monica, os dois treinadores da orientação, era muito provável que muitas pessoas, que visitam a Disneylândia, fizessem exatamente essas perguntas e muitas outras. Agora cabia a ela, e a todos os outros que estavam naquela sala – todos os novos contratados sentados à sua volta –, responder a essas perguntas com um sorriso no rosto e voz simpática.

– É tudo uma questão de apresentarmos o melhor "espetáculo" aos nossos convidados – Hector dizia. – Vocês agora fazem parte desse espetáculo, que é a razão pela qual nos referimos uns aos outros como "membros do elenco" e não "funcionários". Fazemos todos parte do elenco do espetáculo chamado Disneylândia.

Monica e Hector fizeram referência a exemplos de "espetáculo" e "elenco" durante todo o dia. Eles diziam, "Isto é um exemplo do que chamamos de espetáculo", mostrando uma foto de um membro do elenco interagindo com um convidado. Em seguida, eles perguntavam a todos: "E o que faz disso um exemplo de um bom espetáculo?". A princípio, Sophie e seus colegas treinandos não conseguiam identificar cada exemplo na foto. Até o final do programa de orientação, no entanto, todos eram capazes de ver o padrão: o membro do elenco estava sempre sorrindo, suas roupas estavam impecáveis e, se ele estivesse dando informações de direção ao convidado (como chegar ao banheiro, por exemplo), sua mão estava sempre aberta como que fazendo um convite, e não apontando a direção com o dedo indicador. Sophie nunca viu uma foto ou vídeo que mostrasse os membros do elenco franzindo a testa, vestindo roupas sujas ou amassadas ou apontando grosseiramente o caminho com o dedo, a menos que Monica e Hector estivessem dando exemplos – como geralmente faziam – da antítese de um bom espetáculo, o tabu Disney conhecido como mau espetáculo.

Mas o que havia de tão diferente na experiência de Sophie hoje?

Sophie começou recordando exemplos específicos de como Hector, Monica e toda a equipe de treinamento haviam apresentado um bom espetáculo aos treinandos. A música animada tocando no saguão quando ela chegou naquela manhã era um toque especial. Ela gostou da maneira como foi cumprimentada ao entrar no prédio. Na verdade, Sophie chegou 30 minutos antes do início da orientação, e a equipe estava pronta para começar; sem a correria ou a agitação de última hora tão comum no início dos programas de treinamento. Os sorrisos de todos, complementados pela saudação "Bom dia, bem-vinda à Disney University", eram uma forma agradável de começar o dia. Claro, quem poderia não sorrir com a canção "Hakuna Matata", de ***O Rei Leão***, clamando ao fundo? Sophie também admitiu para si mesma ter duvidado, naquela manhã, da sinceridade daqueles sorrisos. É claro que os membros da equipe de treinamento não conseguem manter esse ato durante todo o dia, ela pensou. E mesmo que consigam, eles são ***pagos*** para ser simpáticos; esse é o trabalho deles. Isso havia sido oito horas antes, e desde então ela pôde ver, ouvir e vivenciar muitas situações. Tudo começava a fazer sentido.

Sophie gostou da sinceridade de Monica e Hector quando eles disseram que produzir "O lugar mais alegre da Terra" dia após dia é um trabalho árduo para os membros do elenco. Eles passaram o dia todo dizendo, de uma forma ou de outra: "Pode parecer uma afirmação óbvia, mas trabalhar aqui é ***trabalho***; é muito mais difícil apresentar o espetáculo do que apreciá-lo como convidado". Sophie gostou da abordagem equilibrada deles; eles eram todo sorrisos, mas não estavam enfeitando o pavão.

Os dois mundos da Disney

Para Sophie, as atividades em sala de aula eram atraentes, mas, na verdade, a *visita de familiarização* ao parque – retornando ao oásis de sua alegria de infância – foi o momento do programa de treinamento que ela tanto aguardava desde a primeira hora. Sophie já havia estado na Disneylândia muitas vezes como convidada e estava familiarizada com muitas das atrações, com as lojas de suvenires e com a planta física do parque. Durante a visita, entretanto, as informações e o jargão especial apresentados anteriormente pelos treinadores na sala de treinamento passaram a ser uma realidade. Ela agora tinha uma perspectiva completamente diferente.

Pouco antes de deixarem a sala para a visita, Monica pediu a todos os treinandos que prestassem particular atenção aos dois mundos da Disney: o palco e os bastidores.

– A área existente nos bastidores é um mundo que nossos convidados nunca veem. O palco é a área que muitos de vocês conheceram como convidados ao longo dos anos. Esta sala de orientação, por exemplo, faz parte dos bastidores, assim como todos os corredores que atravessaremos para chegar à área do palco.

Depois de sair da sala de treinamento, Monica e Hector conduziram todos pela área dos bastidores até chegar a um portão inócuo. Pouco antes de transpor o portão, Hector disse:

– Ainda estamos na área dos bastidores. Olhem bem à volta de vocês e anotem mentalmente o que estão vendo. Concluiremos a visita aqui, mas, primeiro, sigam-me.

Hector transpôs o portão com o grupo. De repente, eles estavam na Terra do Futuro (Tomorrowland), rodeados de convidados e vendo a Montanha-Russa Espacial (Space Mountain) diante deles.

– Agora estamos no palco – Monica disse. – É aqui que nossos convidados vivenciam a experiência de um parque ou resort Disney, onde as atrações, os restaurantes, as lojas e os banheiros estão localizados.

Monica explicou que qualquer área em que o convidado tem contato com um membro do elenco ou com as instalações da Disney faz parte do espetáculo e é chamada de palco. Ela sintetizou seu comentário dizendo:

– O palco, na verdade, é a única coisa que os clientes conhecem e que lhes interessa.

Monica continuou:

– A maioria dos convidados não tem a menor ideia de nossa atenção aos detalhes, dos aspectos que levamos em consideração durante a criação do espetáculo. Por exemplo, as calçadas na Disneylândia não têm esquinas formando ângulos de 90 graus. Pensem bem. Nós já chegamos a algum cruzamento aqui e fizemos uma curva precisa de 90 graus? Não! Por isso é que nossas calçadas são curvas; elas foram projetadas tendo em mente as pessoas – a forma como elas se movimentam. As pessoas tendem a serpentear, não a marchar, e nossas calçadas complementam essa tendência.

– Vocês agora estão vendo a Disneylândia por um ângulo totalmente diferente – Hector acrescentou. – Aliás, eu gostaria que vocês se concentrassem em mais alguns detalhes à medida que prosseguimos com nossa visita à área do palco.

Quando eles se aproximavam da Rua Principal, Hector apontou para a altura das janelas das lojas e galerias que margeiam ambos os lados da rua.

– Toda fachada de loja na Rua Principal foi projetada tendo em mente as crianças. As janelas são suficientemente baixas em relação à calçada para permitir que mesmo uma criança pequena enxergue facilmente dentro da loja sem ter de ficar nas pontas dos pés. Durante a fase de construção, Walt Disney realmente via o parque pela perspectiva de uma criança. Ele costumava se agachar para avaliar uma atração ou um prédio pela altura de uma criança e então fazia a seguinte pergunta a seus planejadores:

– Vocês acham que as crianças olharão para cima para ver isso?"[2]

Momentos mais tarde, Hector passou com eles por outro portão bem disfarçado, onde havia uma placa com os dizeres: ACESSO AUTORIZADO SOMENTE A MEMBROS DO ELENCO. Mais uma vez, eles estavam nos bastidores. Lá, Sophie aprendeu o papel vital desse outro mundo na produção do Espetáculo Disney. Ela jamais se esquecerá da visita a essa área do parque. As salas de descanso, os vestiários e as cantinas dos membros do elenco despertaram sua curiosidade.

Hector, então, fez uma analogia que esclareceu a diferença entre bastidores e palco:

– Os bastidores, embora organizados e bem-arrumados, não são ***imaculados*** como as nossas áreas de palco. Pensem em quando vocês recebem convidados em casa. A maioria de vocês não arruma a casa antes de os convidados chegarem? É possível que vocês enfiem o aspirador de pó em um armário, escondam os pratos dentro da lavadora de louças e soquem as roupas no quartinho dos fundos, certo? Em outras palavras, tiram as tralhas das vistas dos convidados. Desse modo, então, vocês podem considerar o armário, o quartinho dos fundos e a lavadora de louças como os bastidores da casa de vocês. Embora nossa área de bastidores seja muito maior e mais complicada que a da casa de vocês, a função é praticamente a mesma: separar o mundo que queremos que os nossos convidados vejam do mundo que queremos manter em segredo.

Sophie não apenas aprendeu que os bastidores são de domínio exclusivo dos membros do elenco de um parque ou resort Disney, como também se inteirou da sua importância para a manutenção de um bom espetáculo. É nos bastidores que o pessoal de manutenção e operações pode ter acesso às atrações se algo precisar ser corrigido. É por lá que os caminhões de entrega de alimentos e mercadorias entram e saem sem ser percebidos. É lá que os membros do elenco vão recarregar as baterias, que normalmente estão completamente descarregadas depois de passar o dia todo respondendo à pergunta do desfile das 15h. Sophie ficou chocada ao ver um membro do elenco devorando um hambúrguer e um refrigerante. Momentos antes, a moça era uma bela princesa no palco. Tudo realmente começou a fazer sentido quando ela viu o personagem do Pateta passar retirando a cabeça. Claro, ela pensou. São pessoas de verdade que estão dentro dessas fantasias. Mas não havia como negar o impacto de ver com os próprios olhos. Hector e Monica sabiam como isso afetava os treinandos e usavam cada oportunidade para expressar suas ideias de forma convincente. Monica aproveitou a situação dizendo:

– Aí vai o Pateta fazer uma merecida pausa. Os convidados nunca o veem assim; nosso mundo dos bastidores nunca se infiltra no palco.

Monica reforçou essa mensagem perguntando ao grupo.

– E por que isso nunca acontece?

Quase em uníssono, os treinandos responderam:

– Porque seria um mau espetáculo no palco.

– Exatamente – Hector disse, enquanto eles continuavam com o mesmo tema. – Agora eu gostaria que todos pensassem em algumas experiências recentes que vocês tenham tido como clientes. Quando, onde e com que frequência vocês vivenciaram um mau espetáculo ao interagir com prestadores de serviços? Quando vocês viram ou ouviram qualquer tipo de comportamento de bastidores em um ambiente público de palco?

Sophie refletiu sobre a pergunta. Ela se lembrava de ter ouvido o funcionário de um supermercado se queixar do chefe para um colega de trabalho. Ela se recordava, também, de um telefonema para um técnico de computador que não deu certo; o técnico não tinha nenhuma paciência e a interrompia constantemente. Até mesmo a recepcionista de seu médico nunca levantava os olhos para olhá-la quando ela entrava no consultório. Sophie agora percebia a frequência com que havia vivenciado, em apenas uma semana, o tipo de comportamento característico de um mau espetáculo. Era o equivalente ao Pateta retirar a cabeça diversas vezes no palco.

Bom espetáculo, mau espetáculo, os pensamentos giravam na cabeça de Sophie. As histórias sobre a questão de ver as coisas pela ótica do convidado – calçadas curvas e janelas que beneficiavam as crianças – apresentaram conceitos eficazes sobre o serviço de atendimento ao cliente. Essas coisas, no entanto, são apenas parte da história. Por que os membros do elenco são tão simpáticos? E por que a recepcionista no consultório do médico de Sophie não poderia dar um sorriso e cumprimentá-la?

Os comentários subsequentes de Monica serviram como valiosos esclarecimentos.

– Como discutimos durante todo o dia, a Disney é conhecida por seu serviço de atendimento ao cliente, e temos orgulho disso. Sabemos o valor de incorporar a percepção do cliente ao processo de criação de nossas atrações e prédios. Além disso, acreditamos veementemente que a melhor maneira de prestar um serviço excepcional aos nossos convidados é oferecendo-o primeiro aos nossos funcionários. Os membros de nosso elenco são nosso cliente número 1. O espetáculo que nossos convidados vivenciam no palco é um reflexo direto do que acontece aqui atrás. As atitudes de tratar uns aos outros com respeito e cumprimentar uns aos outros nos bastidores com um sorriso são tão importantes quanto nossos personagens e atrações mundialmente famosos.

Houve um momento de silêncio. Monica, então, concluiu esse ponto-chave de aprendizado acrescentando:

– Cuidamos do elenco, o elenco cuida de nossos convidados e nossa empresa prospera.

Sophie não conseguia registrar todas as informações úteis que estava recebendo durante a visita ao parque. O fato de ver o desafio de produzir um espetáculo tão complexo deu vida às ideias que a equipe de treinamento havia apresentado naquela manhã. Uma hora, Hector e Monica os bombardeavam com perguntas; outra, eles incentivavam todos a ver o serviço de atendimento ao cliente por outros ângulos. Em nenhum momento Sophie perdeu a concentração. E foi divertido.

Uma lição do Sr. Lincoln

Enquanto ponderava a respeito da mensagem sobre o bom e o mau espetáculo, Sophie pensou em outra parte da visita da qual havia gostado muito. Foi durante a visita à Disneyland Opera House, na Rua Principal da Disneylândia. Hector e Monica acompanharam os treinandos até esse teatro, onde eles assistiram ao espetáculo audioanimatrônico *Great moments with Mr. Lincoln* (Grandes momentos com o Sr. Lincoln). Sophie achou interessante, assim como os cartazes e desenhos no saguão do teatro – chamado pelos treinadores da Disney de área de pré-espetáculo (lá estava o termo "espetáculo" novamente). Aquilo a fascinava.

Monica, então, instruiu a todos os treinandos que prestassem atenção aos cartazes.

– Isto se chama *A história de Walt Disney* e conta a história da Disneylândia. Discutiremos as observações de vocês quando retornarmos à sala de orientação.

Sophie gostou das fotos retratando como era a Disneylândia à época de sua inauguração. Os modelos em escala dos prédios e as versões artísticas das ideias originais de Walt Disney para a planta física do parque eram surpreendentes. Era como visitar um museu. Como um benefício extra, os 15 minutos de espera para o início do espetáculo *Great moments of Mr. Lincoln* voaram de tão fascinada que ela estava em relação aos cartazes expostos na área de pré-espetáculo.

Quando eles retornaram à sala de orientação, Sophie ficou impressionada com a maneira como Hector e Monica engajaram todos em uma discussão sobre os cartazes da área de pré-espetáculo e o espetáculo propriamente dito.

– Sempre realizamos com todos os novos membros do elenco essa mesma visita e esse mesmo exercício – Monica disse. – Consideramos importante que vocês conheçam nossa história, nossa origem, para que possam apreciar a situação em que estamos hoje. Hector e eu temos orgulho de fazer parte da tradição de excelência da Disney, e esperamos que vocês saiam daqui hoje com uma sensação semelhante de orgulho. Cabe a todos nós ajudar a empresa a progredir.[3]

Sophie não sabia ao certo aonde eles estavam querendo chegar com essa ideia quando, na hora certa, Monica compartilhou um pouco mais da história sobre o espetáculo *Great moments with Mr. Lincoln.*

– E por falar no passado e em sua influência no presente e no futuro, queremos contar a vocês um pouco da história da atração do Sr. Lincoln.

Monica explicou como *Great moments with Mr. Lincoln* havia sido criado pela Disney para a Feira do Novo Mundo de 1964. Patrocinado pelo Estado de Illinois, o espetáculo foi a atração especial apresentada naquele pavilhão.

– O Sr. Lincoln foi uma das primeiras figuras audioanimatrônicas em tamanho natural desenvolvidas pela Disney.

Monica prosseguiu:

– Na verdade, a tecnologia era tão nova que ainda estava sendo aperfeiçoada até o momento em que o show foi apresentado.

Hector então perguntou ao grupo:

– E por que estamos falando para vocês de algo que aconteceu há tantos anos?

– Para reforçar a tecnologia inovadora da Disney? – sugeriu um.

– Para que possamos apreciar o trabalho em equipe necessário para criar o espetáculo? – outros acrescentaram.

Sophie e alguns outros treinandos sugeriram mais algumas razões, mas ninguém poderia ter previsto a resposta que os treinadores almejavam. Hector agradeceu a todos pelas ideias e disse:

– Houve muitas críticas ao sucesso da atração *Great moments with Mr. Lincoln*. O Estado de Illinois pagou um preço muito alto por seu desenvolvimento, e o orgulho de Walt Disney e a credibilidade desta empresa estavam em risco.

Hector acrescentou:

– Walt e sua equipe de *imaginheiros* realizaram uma *avant-première* do show dois dias antes da grande abertura.[4] O Lincoln Theater estava lotado; 500 dignitários de Illinois e membros da imprensa do mundo inteiro aguardavam o grande momento. O governador de Illinois já estava no palco apresentando o show. Mas houve um problema.

Nesse ponto da história, Hector fez uma pausa a fim de produzir um efeito dramático, e então acrescentou:

– Houve uma falha técnica; o show não funcionou conforme planejado. E apesar da enorme pressão para que deixassem o show prosseguir, Walt Disney o cancelou. Walt, na verdade, subiu ao palco, falou do problema para o público e depois informou que o show não seria apresentado naquela noite.

Hector prosseguiu explicando que o problema acabou sendo corrigido – depois de aproximadamente uma semana – e o show teve continuidade. Mas uma ideia importante havia sido transmitida. Walt estava disposto a sofrer um constrangimento momentâneo e suportar a dor em curto prazo em favor de um ganho em longo prazo. O anúncio de Walt no palco certamente poderia ter sido visto como um mau espetáculo. A maior preocupação de Walt era retratar com precisão o presidente Lincoln em forma audioanimatrônica.

Para Sophie, essa história foi a síntese de todas as mensagens daquele dia: Walt não estava disposto a sacrificar a qualidade do show. A preocupação com o bom espetáculo ***versus*** o mau espetáculo e com o palco ***versus*** os bastidores era evidente. A Disney é um gigantesco palco, e nós – os membros do elenco – fazemos parte desse espetáculo. Walt era detalhista. Hoje, muitas décadas depois, estamos recebendo a mesma mensagem: não apresente o espetáculo enquanto todos os elementos não tiverem sido verificados e reverificados.

Conexão em todos os níveis

Quase no fim do dia, Monica perguntou:

– Quem gostaria de compartilhar conosco sua primeira impressão em relação a esta manhã? Qual a ***experiência*** de vocês? O que vocês ***sentiram*** ao entrar nesta sala?

– Vocês todos estavam sorrindo – vários treinandos disseram ao mesmo tempo.

– Gostei da música e do ambiente divertido! – alguém gritou.

– Ah, os cartazes do Mickey, do Pato Donald e do Buzz Lightyear foram muito úteis! – disse outro.

– Os banheiros estavam impecáveis – manifestou-se outro.

– Eu me senti bem-vinda – contribuiu Sophie.

– Obrigada! – Monica gritou. – Nosso objetivo, hoje, era agradar a vocês em um nível intelectual ***e*** emocional. Por exemplo, preparamos a sala de treinamento ontem à noite, bem antes da chegada de vocês. Vocês são nossos convidados, e nós cuidamos para que o cenário estivesse montado. Vocês notaram que todas as mesas e cadeiras estavam perfeitamente alinhadas quando retornaram dos intervalos? Para aqueles que chegaram cedo, vocês não viram o Hector, eu ou os funcionários correndo de um lado para outro, viram? Quando vocês entraram, as atenções estavam 100% voltadas para *vocês*.

Sophie refletiu sobre esse comentário e depois compartilhou uma observação com os treinadores e os funcionários, que agora estavam todos de pé lá na frente, diante do grupo:

– Vocês fizeram isso o dia todo, não só hoje de manhã. Vocês demonstraram para conosco um comportamento respeitoso exatamente igual ao que nós teremos para com nossos convidados quando começarmos a trabalhar. A atenção de vocês a todos esses detalhes me ajudaram a relaxar. Eu me diverti e aprendi muito. Obrigada.

Hector iniciou sua conclusão:

– Sabemos que o dia foi longo e que passamos muitas informações a vocês. Esperamos que a mistura de fatos e diversão, além dos clipes de filmes e da nossa minivisita de campo ao parque, tenham tornado a experiência absolutamente memorável. E podem acreditar: o treinamento de vocês está apenas começando. Dentro de alguns minutos, apresentarei a vocês uma nova equipe de treinadores. Essas pessoas são conhecidas como os líderes da nossa universidade. Elas representam as áreas em que cada um de vocês vai trabalhar. Cabe a elas orientar vocês durante os próximos dias de treinamento específico nas respectivas funções.

Monica então se manifestou, encerrando o programa com o seguinte pensamento:

– Nosso objetivo com qualquer orientação é usar toda a experiência como uma introdução ao Espetáculo Disney. Nós reproduzimos o mesmo ambiente que oferecemos a nossos convidados em cada um de nossos parques temáticos e resorts; o cenário está sempre montado e os membros do elenco são sempre simpáticos. Por essa razão é que nossos convidados sempre retornam. Os dados de nossas pesquisas de opinião revelam o que os convidados valorizam em uma experiência Disney e *por que* eles retornam com tanta frequência. Em ordem de importância, os convidados nos dizem ser por causa da nossa *simpatia, limpeza e segurança.*[5]

Sophie não poderia ter ficado mais surpresa. Antes de participar desse programa de orientação, ela teria apostado que a lista dos convidados apontaria como principais favoritos os personagens, os desfiles e as atrações da Disney.

– Pensem bem – Hector acrescentou. – Se tivéssemos sido desatenciosos ou grosseiros com vocês hoje, vocês estariam entusiasmados para começar a trabalhar? Se esta sala de treinamento estivesse uma bagunça e os banheiros, sujos, vocês teriam acreditado em nossa mensagem sobre a importância da limpeza? É claro que não! Vocês valorizam as mesmas coisas que nossos convidados. Os membros do nosso elenco são simpáticos e comprometidos; nossos parques e resorts são limpos, organizados e arrumados; e nós todos desfrutamos um ambiente seguro.

Após uma pausa de alguns segundos, Hector gritou:

– Bem-vindos à Disney!

Sophie agora estava oficialmente formada pelo programa de orientação da Disney University. Apesar de seu entusiasmo, contudo, ela sabia que isso não significava que poderia sair dali e começar imediatamente a interagir com os convidados. Ela ainda precisava participar de vários dias de treinamento prático elaborado e ministrado por uma equipe da divisão em que trabalharia. A líder da universidade apresentada momentos antes por Hector representava sua divisão e conduziria a próxima fase de treinamento de Sophie, que estava ansiosa pelo dia em que poderia retornar à Disney University para aprender mais. Sophie tinha certeza de que, quando fizesse quaisquer cursos de aperfeiçoamento das suas habilidades no serviço de atendimento ao convidado ou de preparação para uma eventual função de supervisão, estes seriam tão informativos e agradáveis quanto o programa de orientação de hoje.

Sophie agora fazia parte da equipe encarregada de criar "O lugar mais alegre da Terra" e estava extremamente entusiasmada por começar a trabalhar. Muitas perguntas haviam sido respondidas durante as sessões de orientação, mas ela tinha muitas mais a fazer. Quanto tempo o entusiasmo levaria para passar? O que ela aprenderia com seus colegas de trabalho depois que começassem realmente a trabalhar? Eles compartilhariam com ela algo que ajudasse a desvendar todas as mensagens positivas de hoje?

As perguntas que Sophie ainda tinha por fazer não eram diferentes daquelas feitas por dezenas de milhares de membros do elenco que a antecederam. E as respostas para suas perguntas não apareceriam enquanto ela estivesse sentada na sala de orientação na Disney University. Em última análise, ela aprenderia que a Magia Disney não se restringe à orientação oferecida aos novos contratados. Aquilo era apenas o começo. As respostas para as perguntas de Sophie viriam – assim como vieram para tantos outros – a partir do momento em que ela assumisse o exercício de suas funções.

– Como a Disney faz isso?

– Como eles mantêm seus funcionários motivados e comprometidos?

– Qual o *segredo* da Disney?

NOTAS

1. *Gentlemen, this is a guest!*, programa de treinamento para gerentes da Disneylândia, 1980-1981.
2. Programa de treinamento *Spirit of Disneyland* para os gerentes da Disneylândia de Tóquio, 1981-1983.
3. Instituto Disney. Seminário *Leadership Excellence*, 13 de junho de 2012.
4. THOMAS, Bob. *Walt Disney*: an American original. New York: Simon and Schuster, 1976. p. 312-313.
5. Instituto Disney. Seminário *Leadership Excellence*, 13 de junho de 2012.

Lição 1

PREPARANDO O CENÁRIO PARA O SUCESSO

As quatro circunstâncias da Disney University

Foi preciso mais do que uma boa ideia para dar existência à universidade. Se não tivesse sido por determinadas circunstâncias, esse novo bebê da família corporativa poderia ter morrido na sala de parto.[1]

– Van France

Memorando

21 de setembro de 1962

A Disneylândia jamais será concluída. Certamente cumprimos essa promessa. Mas e as pessoas que operam a Disneylândia? Estamos crescendo com o espetáculo ou apenas envelhecendo? O problema com as pessoas é que elas sofrem de enrijecimento das artérias mentais, cirrose do entusiasmo e artrite da imaginação, com alergias – crônicas e, às vezes, agudas – à supervisão, aos subordinados, a todo o tal do sistema. Será possível que percamos por meio do hábito o que havíamos ganhado por meio da experiência, e que o que ganhamos em organização percamos em entusiasmo?

– Van France, Introdução ao seu "Programa proposto à Universidade da Disneylândia", 1962-1963[2]

Preparando o cenário para a Disney University

Em 1955, pouco antes da grande abertura da Disneylândia, Van France e seu único funcionário na época, um recém-formado que acabara de sair da universidade, Dick Nunis, deram origem ao primeiro programa de orientação de funcionários da Disneylândia, produzindo legiões de funcionários que, ao final das sessões de orientação, não tinham nenhuma dúvida quanto à sua função básica com os convidados que logo deveriam chegar: "Nós criamos alegria".

Desde sua estreia em 17 de julho de 1955, a Disneylândia desfruta de um sucesso sem paralelo, tendo elevado o nível ao estabelecer novos padrões de excelência em criatividade, entretenimento para toda a família e serviço de atendimento ao cliente.

Nos anos subsequentes à sua inauguração, a Disneylândia se desenvolveu em diversos aspectos, desde o número e a complexidade das atrações até o crescente contingente de funcionários. Van também se desenvolveu. Ele deixou a Disneylândia por dois anos para trabalhar em outras empresas. Ao retornar, em 1962, passou a ver a Disneylândia por uma nova ótica. Van dizia:

– Meu aprendizado no mundo exterior me ajudou. Eu agora consigo ver a Disneylândia com outros olhos.[3]

Ele descobriu uma Disneylândia que, na época, enfrentava algumas dificuldades próprias do crescimento.

A deterioração do moral dos funcionários era especialmente preocupante para Van. Havia reclamações até mesmo em relação ao programa de orientação; alguns argumentavam que o material estava defasado, e que aqueles que o ministravam estavam fora da realidade das operações do parque.[4]

Durante o hiato de dois anos com a ausência de Van, Dick Nunis, único funcionário de Van nos meses que antecederam e sucederam a abertura da Disneylândia, ocupou o cargo de diretor de operações do parque. Dick, agora chefe de Van, precisava de sua ajuda.

Depois de sete anos nessa onda de sucesso e milhões de convidados, Van France começou a pensar em expandir o programa de orientação da Disneylândia para algo novo e diferente. O momento era adequado para o nascimento desse novo bebê na família corporativa Disney.

A Disney University estava prestes a nascer.

Mais do que uma universidade apenas no nome: as quatro circunstâncias

A Disney University é um nome de peso que evoca imagens de excelência. A menção dessa instituição altamente conceituada para qualquer líder empresarial quase sempre suscita, de imediato, a pergunta: Como eles conseguem, ano após ano, desenvolver os funcionários mais comprometidos, fiéis e centrados no cliente, do mundo?

Uma explicação simples atribui o sucesso da Disney University aos níveis de apoio e clareza de propósitos encontrados nas Quatro Circunstâncias, os valores organizacionais que Van France identificou como vitais para o sucesso da instituição.[5]

Embora a palavra *universidade* invariavelmente apareça no título dos departamentos de treinamento corporativo e organizacional em todo o mundo, muito poucas dessas "universidades" igualaram o nível de sucesso da Disney University. Muitas não desfrutam dos níveis de apoio e clareza de propósitos encontrados nas Quatro Circunstâncias. Sem esclarecer os tipos de valores encontrados nas Quatro Circunstâncias, as iniciativas de treinamento e desenvolvimento estão destinadas ao fracasso; até mesmo as universidades organizacionais financeiramente mais sólidas estão condenadas a se tornar universidades apenas no nome.

As quatro circunstâncias de Van são valores

A apresentação de cada uma das Quatro Circunstâncias, que será feita a seguir, revela palavras-chave que representam valores da Walt Disney Company e cria o ambiente perfeito para a Disney University. Antes de discutir os valores que constituem as Quatro Circunstâncias de Van, no entanto, é importante, primeiro, esclarecer algo sobre eles:

– Esses valores não são exclusivos.

– Esses valores não são novos nem desconhecidos para a maioria dos líderes.

– Esses valores devem permear a empresa. Eles são o DNA essencial de toda a empresa, não se trata apenas dos valores de Van ou da Disney University.

Esses valores essenciais, originalmente introduzidos por Walt Disney, formam a sólida base da qual evoluíram os programas que Van e sua equipe desenvolveram. A Disney University é uma extensão da empresa.[6]

Simples assim: a Disney University não é um lava-jato pelo qual os funcionários possam passar em preparação para o trabalho.[7] É muito mais que isso. Um sentimento compartilhado por muitos executivos que trabalharam com Van é: "O treinamento não pode ser limitado a 'Isto é o que vocês precisam fazer; agora vão e façam'. Isso não basta. O treinamento precisa incutir um espírito, um sentimento, uma ligação emocional. Treinamento significa criar um ambiente de pensamento e sentimento."

Circunstância 1 de Van: Inovação

> *Primeiro, eu tinha aversão ao conceito de "departamento de treinamento". A função desfruta de pouco status em qualquer empresa. Anos antes, quando realmente gerenciava um "departamento de treinamento", cansei de ouvir: "Quem pode faz; quem não pode ensina". Além disso, qualquer pessoa com ensino médio completo acha que já foi treinado e se ressente de voltar à escola. Por outro lado, a ideia de uma universidade era empolgante. Historicamente, uma universidade era algo à frente de seu tempo, capaz de levar as pessoas a estimulantes aventuras.*[8]

Essa circunstância revela as características associadas aos inovadores: os pioneiros que não temem assumir riscos. O objetivo de Van de inovar criou uma cultura de aprendizado em constante evolução. Ele desafiava o *status quo*.

Muitos que trabalharam com Van descrevem seu estilo das seguintes maneiras:

"Van mantinha o foco das pessoas. Ele evitava que tornássemos os programas de treinamento demasiadamente esotéricos e acadêmicos mantendo-nos focados na aplicação prática, utilizando conceitos simples como 'nós criamos alegria' e 'nós sabemos as respostas'."

"Ele apresentava ideias incisivas e controversas que nos davam o que pensar."

"Van não admitia que nos inebriássemos demais com nosso próprio sucesso ou importância."[9]

"Van tinha uma boa maneira de desinflar o ego das pessoas."[10]

O desvelo de Van em criar "O lugar mais alegre da Terra" por meio da inovação e do desafio a padrões de comportamento e crenças arraigados é evidente em uma passagem que ele criou para um programa de treinamento gerencial da Disneylândia no início da década de 1980:

> *Orçamentos, cronogramas, relatórios, mais relatórios, negociações com sindicatos, programas de treinamento, reuniões... mais reuniões, manuais, memorandos de "autoproteção" e a infinidade de tarefas que tomam o seu tempo de nada valem se não acabarem produzindo UM CONVIDADO FELIZ.*[11]

Van não hesitava em jogar lenha na fogueira.

Circunstância 2 de Van: Suporte organizacional

Segundo, Dick (Dick Nunis, o então diretor de operações da Disneylândia) era formado em educação pela USC e conseguia ver as vantagens da expansão baseada em um programa de orientação simples. Além disso, depois que Dick aderia a uma ideia, ele a apoiava e promovia.[12]

Essa circunstância acrescenta um componente que falta em tantas empresas: suporte organizacional irrestrito. De Walt e Roy Disney a Dick Nunis, os dirigentes da Disney confiavam nas ideias de Van, que, por sua vez, confiava neles.

Dick sabia que, sem o apoio de alguém da alta gerência, nada acontecia; a liderança deve estar intimamente envolvida e estabelecer as coordenadas. A presença constante de Dick como líder de treinamento começou na Disneylândia e continuou com o desenvolvimento da Walt Disney World na Flórida e a expansão internacional da Disney Parks and Resorts.

Quando Van propôs a criação da Disney University, Dick passou a ser um de seus maiores "líderes de torcida", incentivando-o a levar suas ideias adiante. As palavras de Van ecoam na seguinte declaração, um sentimento expresso pelos pioneiros da Disney University:

Sem o apoio de Walt Disney e Dick Nunis, não haveria uma Disney University.[13]

Circunstância 3 de Van: Educação

Terceiro, em 1932, Walt criara sua própria e excepcional escola para treinar seus animadores, e ele entendia por que nós tínhamos de desenvolver nossa própria cria de artistas espetaculares.[14]

Sem dúvida, essa circunstância revela as raízes da Disney University: o antigo valor de Walt de formar funcionários com uma relevante experiência educacional e de treinamento produzida sob medida. Walt Disney ajudou a criar uma escola de arte para seus animadores porque, como ele mesmo dizia, "As escolas de arte existentes na época não ofereciam o suficiente para o que precisávamos, por isso, criamos nossa própria escola de arte... e fomos um pouco além do que as outras escolas tinham a oferecer".[15]

Walt geralmente trazia educadores e artistas de projeção para os estúdios, como Frank Lloyd Wright, para dar aulas e palestras aos animadores. As ideias inovadoras e o pensamento anticonvencional desses profissionais passaram a ser uma fonte de inspiração de valor inestimável.[16]

Van criou uma versão diferente da escola de arte de Walt: uma escola única, que criaria um tipo diferente de artista. Esses "disneylandianos" se especializariam na arte de criar alegria por meio de um currículo especial em relações humanas e filosofia

Disney.[17] Van e seus companheiros pioneiros sabiam que precisavam criar algo que fosse além dos programas de treinamento tradicionais. Não havia dúvida de que o principal produto na Disneylândia seria a alegria. Não havia ambiguidade com relação a imagem, sentido e propósito do objetivo.

Quando ministrada de forma consistente e criativa, a educação é um bem indispensável; um bem tido em alta estima na história e na cultura da Walt Disney Company.

Circunstância 4 de Van: Entretenimento

E quarto, eu tinha simpáticos aliados no departamento de Arte da divisão de Marketing. Consequentemente, nossos manuais e recursos auxiliares de treinamento eram sempre criativos e interessantes, e não o oposto, o que significaria "maçantes e acadêmicos".[18]

A descrição que Van faz dessa circunstância ilustra sua sólida crença em um valor que ele compartilhava com Walt: entreter ***e*** educar. Como Walt diria, "Quando o assunto permite, damos vazão a todas as sátiras e brincadeiras que temos ao nosso alcance. A diversão não é inimiga do aprendizado".[19]

Van acreditava ser possível tornar o acadêmico divertido; com a abordagem certa, é possível ter diversão e aprendizado ao mesmo tempo. Usar o entretenimento como estratégia de treinamento não se limita a contar piadas e rir. É uma poderosa ferramenta capaz de aumentar o engajamento do treinando e garantir a assimilação de novos conceitos.

Embora o perfil profissional de Van na área de treinamento não tivesse nenhuma relação com a Disneylândia, seus valores e seu senso de humor eram perfeitamente condizentes com os de Walt. Tom Eastman, diretor-corporativo aposentado da Disney University, fornece uma descrição sucinta que produz uma imagem vívida de Van: "Van era o Grilo Falante da Disneylândia, a consciência da Disneylândia, constantemente enfatizando a importância dos funcionários da Disneylândia, os membros do elenco. Os grandes esforços de Van dirigiam-se ao contingente humano de nossa empresa". Tom acrescenta: "Van era malandro, um elfo. Ele sempre tinha um grande sorriso no rosto e um brilho nos olhos". Associado à sua dedicação aos membros do elenco, aos convidados, à Disneylândia e aos valores da Disney, isso era uma combinação poderosa.[20]

Os valores e o senso de humor de Walt Disney moldaram a Disneylândia; os valores e o senso de humor de Van ajudaram a moldar a Disney University.

Era preciso mais do que uma boa ideia

Usando as próprias palavras de Van, "Era preciso mais do que uma boa ideia para dar existência à universidade". E era preciso mais do que uma boa ideia para garantir o sucesso, a longevidade e as contribuições da Disney University.

Van France e sua equipe de pioneiros em desenvolvimento de funcionários deram vida aos valores encontrados nas Quatro Circunstâncias. A liderança corporativa da Disney, com Van e sua equipe de obstinados visionários, criou uma cultura corporativa e um DNA organizacional muito antes de essas palavras entrarem em voga. Eles não foram simplesmente até a loja, compraram certo pó mágico e começaram a espalhá-lo à sua volta. Combinada aos conceitos empresariais inovadores que eles criaram, a dedicação incansável dessas pessoas ao objetivo de perpetuar o sonho de Walt Disney ajudou a construir uma cultura organizacional respeitada no mundo inteiro.

Segredos da Disney University

O que é preciso para criar, ano após ano, legiões de funcionários surpreendentemente motivados? De que maneira uma instituição de treinamento, ou qualquer instituição, por assim dizer, continua a prosperar depois do período de lua de mel? A mensagem de Van, e dos muitos que com ele trabalharam para criar a Disney University, é de determinação. O sucesso é afirmado pelos seguintes atributos:

– Ter um assento na mesa da liderança.

– Ser uma parte valiosa da cultura organizacional.

– Ir muito além da capacidade de oferecer programas de curta duração.

– Ser incessantemente criativo e disposto a tentar novas abordagens para manter a relevância, o frescor e o engajamento da mensagem.

As Quatro Circunstâncias refletem uma cultura organizacional que garante há décadas a sobrevivência desse novo bebê na família corporativa. Além disso, as Quatro Circunstâncias são altamente influenciadas pelas lições de liderança de Van, aplicáveis a qualquer empresa e tão relevantes hoje quanto naquela época.

Revisão da Lição

PREPARANDO O CENÁRIO PARA O SUCESSO:
As Quatro Circunstâncias da Disney University

Mais do que uma Universidade apenas no nome
Van France identificou as seguintes Quatro Circunstâncias – ou componentes – vitais para o sucesso da Disney University:

1. Inovar. Os líderes devem
– Pensar de maneira progressista
– Sentir-se à vontade com o risco

2. Apoiar. Os líderes devem oferecer apoio
– Declarado
– Entusiástico
– Sustentado

3. Educar. A educação e o desenvolvimento dos funcionários devem ser
– Um componente indispensável da cultura organizacional
– Suficientemente simples para ser lembrados e aplicados na prática
– Implementados em todos os níveis organizacionais

4. Entreter. A educação e o desenvolvimento dos funcionários devem ser
– Cativantes
– Memoráveis
– Divertidos

A crença de Walt de que a diversão não é inimiga do aprendizado permitiu que Van criasse materiais de treinamento que transformavam teoria em ação e o potencialmente enfadonho em memorável.

Aplicação das Quatro Circunstâncias de Van

Inovar – Apoiar – Educar – Entreter

Quais são as suas Quatro Circunstâncias?
Você seria capaz de identificar o equivalente às Quatro Circunstâncias de Van na sua empresa? Você as aplica na prática?

Identificação: Como você prepara o cenário para o sucesso de modo que possa garantir um entusiasmo sustentado para o desenvolvimento de seus funcionários? Que valores em sua empresa são inegociáveis? Identifique-os.

– Quais são esses valores?
– Que benefícios os valores oferecem à empresa e a seus funcionários?
– Quais os valores mais sólidos? Quais os mais frágeis?

Aplicação: De que maneira os valores de sua empresa ganham existência?

– De que maneira os valores são transmitidos aos funcionários? Com que frequência? Por quem?
– Todos conhecem os valores?
– O que acontece quando esses valores não são sustentados? Existem consequências? Existem exceções? Existem consequências por seguir ou não seguir regularmente os valores?
– Como os valores podem ser transmitidos de forma mais eficaz para todos os setores de sua empresa?

NOTAS

1. FRANCE, Van Arsdale. *Window on main street*, p. 71.
2. Entrevista com Dave Smith, diretor-arquivista emérito da Walt Disney Archives, 16 de junho de 2012. Documento informativo: *History of Disney training*, de Dave Smith.
3. FRANCE, Van Arsdale. *Window on main street*, p. 67.
4. Entrevistas com Jim Cora, presidente aposentado do Conselho de Administração, Disneyland International, 08, 09 e 14 de maio e 26 de julho de 2012.

5. FRANCE, Van Arsdale. *Window on main street*, p. 71.
6. Entrevistas com Thor Degelmann, vice-presidente aposentado de Administração e RH, Disneyland Paris Resort, 07 de maio e 14 de junho de 2012.
7. Entrevistas com Tom Eastman, diretor-corporativo aposentado, Disney University, 29 de maio e 28 de julho de 2012.
8. FRANCE, Van Arsdale. *Window on main street*, p. 71.
9. Entrevistas com Thor Degelmann, vice-presidente aposentado de Administração e RH, Disneyland Paris Resort, 07 de maio e 14 de junho de 2012.
10. Entrevista com Bill Ross, vice-presidente-sênior de Relações Públicas, Walt Disney Parks and Resorts, 10 de maio de 2012.
11. Entrevistas com Dianna Stark, gerente de Treinamento Operacional aposentada, Disneylândia de Tóquio, 20 e 25 de julho e 26 de outubro de 2012; *Gentlemen, this is a guest!*, programa de Treinamento Gerencial da Disneylândia.
12. FRANCE, Van Arsdale. *Window on main street*, p. 71.
13. Entrevistas: declaração unânime de todos os entrevistados.
14. FRANCE, Van Arsdale. *Window on main street*, p. 71.
15. Entrevista de Walt Disney a Fletcher Markle, CBC, 1963.
16. Entrevista com Dave Smith, diretor-arquivista emérito da Walt Disney Archives, 16 de junho de 2012. Walt e Roy Disney ajudaram a fundar o Instituto de Artes da Califórnia em 1961.
17. *Disneyland*: the first quarter century. Burbank, CA: Walt Disney Productions, 1979. p. 26.
18. FRANCE, Van Arsdale. *Window on main street*, p. 71.
19. Programa de Treinamento *Spirit of Disneyland* para os gerentes da Disneylândia de Tóquio, 1981-1983.
20. Entrevistas com Tom Eastman, diretor-corporativo aposentado, Disney University, 29 de maio e 28 de julho de 2012.

Lição 2

COMO CATIVAR CORAÇÕES E MENTES

Mickey Mouse e Pato Donald não são suficientes

Uma máxima da indústria cinematográfica diz que "é preciso uma equipe feliz para produzir um espetáculo alegre".[1]

– Van France

O ano é 1982. Na esperança de dar um cochilo rápido, Dick Nunis se refestela em uma cadeira no fundo da sala escura e fecha os olhos. Exausto e sofrendo de insônia, ele sabe que não tem opção e o jeito é continuar em frente. Os cinco minutos de projeção do vídeo que ele está apresentando a seus espectadores lhe permitirão a tão necessária pausa. A grande abertura do Epcot Center, a expansão de US$ 800 milhões da Walt Disney World, na Flórida, está batendo à porta, e ele tem muito a fazer.

Como presidente da Divisão de Recreação ao Ar Livre da Walt Disney Company, Dick é responsável tanto pela Walt Disney World, na Flórida, quanto pela Disneylândia, na Califórnia. Com o projeto de expansão do Epcot em 1982, 11 anos após a inauguração do Magic Kingdom, as responsabilidades de Dick são amplas, complexas e mais numerosas a cada dia.

Dick é o único apresentador do programa de orientação de funcionários para todos os membros do elenco do Epcot. Seu público não é um grupo seleto de gerentes-seniores, tampouco ele é simplesmente o palestrante executivo de fachada convidado para abrir a sessão. Dick está fazendo essa mesma apresentação de 90 minutos para cada membro do elenco designado para o Epcot – para todos os 2 mil.

A sessão de hoje é semelhante a dezenas que Dick já conduziu na semana passada, e ele deve ministrar dezenas mais. Quando está diante de sua plateia, Dick, em seu estilo inimitável, esbanja energia e entusiasmo. Ele reafirma para os membros do elenco a importância de que seja mantido o legado da Disney de serviço de atendimento ao cliente de classe mundial.

Vinte e sete anos antes, durante os preparativos para a grandiosa abertura da Disneylândia, Dick e seu chefe, Van France, mantinham um ritmo semelhante. Aliás, o conteúdo das sessões atuais, bem como o estilo efusivo de Dick, não são muito diferentes do que eram há 25 anos. Naquela época, ele acabara de sair da universidade e estava cheio de energia. Agora, apesar da constante demanda por sua disponibilidade de tempo como executivo-sênior da Walt Disney Company, Dick continua sendo um exemplo de entusiasmo e resistência. Ele é uma peça central de algo que considera crucial para o sucesso do Epcot: o serviço de atendimento ao cliente e o treinamento dos membros do elenco.

Quando o vídeo está terminando, um membro da equipe acende as luzes da sala. Dick corre para a frente da sala e dá prosseguimento à orientação. A grande inauguração está chegando.

Como preparação para a grande abertura do Epcot, foi criado um programa de orientação novo em folha para aqueles que trabalhariam no parque. Para garantir o sucesso do Epcot, os membros do elenco já existente foram transferidos do Magic Kingdom. Embora todos fossem experientes, Dick queria que eles tivessem pleno entendimento de suas funções e de sua importância para esse novíssimo parque temático, razão pela qual ele passou duas semanas conduzindo cada sessão diversas vezes por dia.

Por meio de suas palavras e ações, Dick perpetuou a cultura corporativa que aprendera tantas décadas antes com Walt Disney e Van France: "A Walt Disney Company se preocupa com seus funcionários e com este projeto." Arregaçando as mangas e demonstrando disposição para desempenhar a função que lhe cabia naquele momento, Dick reforçava a crença de Walt e Van de que:

– A gerência deve ser diligente, sob pena de o espetáculo se deteriorar.
– A gerência deve ser diligente, sob pena de o elenco se deteriorar.[2]

A Disney University é um local de trabalho divertido

Trabalhar na Disney University é o sonho de todo treinador. Os funcionários têm prazer de estar lá, tanto aqueles que estão ministrando quanto aqueles que estão recebendo treinamento. As imagens dos personagens de desenho animado mundialmente famosos enfeitam as capas e páginas dos manuais de treinamento. O programa de orientação de novos contratados tem um nome atraente e, na verdade, isso acontece com todos os programas. Que dizer, então, das paredes? Os cartazes, fotos e obras de arte relacionados aos filmes vencedores do Oscar e às peças da Broadway vencedoras do Prêmio Tony, que decoram as paredes dos corredores e das salas de treinamento, são um constante lembrete do legado e do sucesso da empresa.

A foto de Walt Disney recebendo o Oscar por seu clássico desenho animado de 1937, *Branca de Neve e os sete anões*, se destaca. Até mesmo o treinador ou treinando mais rabugento não consegue conter um sorriso quando vê o Oscar que Walt está recebendo. Há a estatueta do Oscar individual, de tamanho-padrão, que qualquer pessoa reconheceria. Mas esse Oscar não está sozinho; há sete miniaturas de estatuetas enfileiradas ao lado dele. Há, ainda, aquela sempre presente música de fundo dos mesmos filmes, desenhos animados e musicais da Broadway. Quem não se sentiria motivado por essa seleção de melodias vencedoras do Grammy? Além disso, a Disney University está situada em um lugar que 10 milhões de pessoas pagam para visitar todos os anos. Enfim, que equipe de treinamento no mundo não adoraria dar início a um programa acompanhada do Mickey Mouse e do Pato Donald para animar a turma?

O trabalho é "puxado"

Muitos executivos e profissionais de treinamento têm inveja da Disney University. As pessoas acham que os treinadores da Disney levam vantagem. Muitos acham que, se tivessem toda essa fama, seus programas de treinamento seriam igualmente bem frequentados e todos se sentiriam entusiasmados. Desculpas e argumentos para programas de treinamento ineficazes são o que não falta: "Se eu tivesse a equipe e o orçamento de uma Disney University, a vida seria fácil". "Se eu tivesse esse tipo de ambiente de treinamento, com todos esses personagens famosos e esses atrativos, eu nunca teria dificuldade em conseguir que as pessoas comparecessem às sessões. Quem não adoraria isso?" "A Disney tem décadas de história a seu favor. Se minha empresa tivesse uma marca e um legado como os da Disney, eu não precisaria me preocupar."

Sim e não.

Fornecimento de valores, não apenas de coisas

Os benefícios de que os funcionários da Disney University desfrutam são inegáveis, mas o brilho por si só tem vida curta. A lua de mel uma hora acaba, e aí? Na realidade, a Disney University é muito mais do que tudo isso. Van France diria: "Uma máxima da indústria cinematográfica diz que 'é preciso uma equipe feliz para produzir um espetáculo alegre'". Algo além das coisas necessárias. Levando essa metáfora um pouco adiante, Van argumentaria que o cenário de um filme abençoado com os melhores acessórios de apoio à produção e os atores mais famosos está condenado ao fracasso se a equipe estiver insatisfeita e o diretor não prestar o apoio e a orientação necessários. Os acessórios de apoio à produção cinematográfica certamente são importantes, mas também é só isso; existem limites para o ciclo de vida e a atratividade das coisas. O duradouro sucesso da Disney University – e da própria marca Disney – se deve a muito mais do que os personagens de desenho animado e a música de fundo premiada. Criar "O lugar mais alegre da Terra" requer um bom equilíbrio entre valores e coisas, além de muito trabalho.

A Disney University possui um conjunto de valores claros que se encontram absolutamente alinhados com a liderança da empresa e contam com seu intransigente apoio.

Muitas instituições investem enormes quantias e inúmeras horas estudando a forma de atuação da Disney. Essas empresas fazem um trabalho admirável de análise e imitação das estratégias de criação, construção e abertura de instalações de classe mundial da Disney. Mas até que ponto essas empresas, resorts, hospitais e organizações (com e sem fins lucrativos) conseguem manter o que criam? Muitas fracassam nesse departamento por duas razões:

– Elas se concentram na matéria, nas coisas, sem a base dos valores.

– Elas não ponderam as consequências de longo prazo, o efeito das decisões míopes sobre o sucesso em longo prazo.

Sem a consciência de uma direção orientada por valores organizacionais apaixonadamente aceitos, fica muito mais difícil começar a encurtar caminho. Há um preço a pagar quando os bens materiais e os resultados financeiros passam a ser o foco principal. Não existem exceções a essa regra.

O que se passa por trás da cortina

De acordo com Thor Degelmann, "A Disney faz com que uma operação complexa pareça simples; consequentemente, todos pensam, 'Eu consigo fazer isso'". O envolvimento de Thor com a área de Recursos Humanos e a Disney University em três dos projetos mais ambiciosos e complexos da empresa – A Walt Disney World, na Flórida, a Disneylândia de

Tóquio, no Japão, e a Disneylândia de Paris, na França – o colocaram na linha de frente de muitos desafios. Esses projetos cobrem boa parte dos 32 anos de carreira de Thor na Disney, mas a mensagem é a mesma: os valores organizacionais da Disney norteiam as estratégias, as quais, por sua vez, determinam o sucesso da Disney.

– A Disney University é a consciência da cultura organizacional – diz Thor. – Alguém sempre tem de ser a consciência. Mas não só a universidade. A equipe de operação é igualmente envolvida. A chave está em todos os membros da gerência aderirem à mensagem de Walt Disney de "manter o lugar limpo, simpático e divertido". Essa cultura norteia o investimento em nosso pessoal.[3]

O investimento vem de várias formas. Infelizmente, muitas empresas não o levam até onde devem; elas impõem limites que acabam tolhendo igualmente funcionários e clientes. A título de exemplo, Thor diz:

– Não cometemos o erro cometido por tantas outras empresas limitando nossos programas de orientação e treinamento ao pessoal da linha de frente. Todos participam do treinamento, não apenas os operadores de atrações ou aqueles que têm contato direto com os convidados. Desse modo, do pessoal de manutenção aos assistentes-administrativos e executivos, existe plena participação. Existe um compromisso corporativo com essa abordagem de treinamento, começando de cima.

Enfim, a Disney University se certifica de que todo funcionário é apresentado à empresa e entende a importância da marca: os valores da Disney, a história da Disney e as tradições da Disney. Esse contexto enriquece ainda mais as sessões de treinamento no local de trabalho conduzidas pela equipe de operações das quais os funcionários participam imediatamente após as sessões de orientação.

Você se lembra da Sophie? Ela aprendeu, durante sua orientação na Disney University, que é importante saber quem você é e de onde você vem para seguir em frente. Ela aprendeu, também, que o dia de orientação com os treinadores da Disney University foi o primeiro de vários dias de treinamento. Antes de permitir que seus funcionários tenham qualquer contato com os convidados, a Disney University determina que cada funcionário deve necessariamente participar do programa de orientação, seguido das sessões de treinamento no local de trabalho.

É função de todos

O que mais se poderia esperar ouvir de um executivo seguidor das regras corporativas que passou a maior parte de sua carreira na Disney University? E quanto a alguém que passou seus 34 anos de carreira na linha de frente – na área de operações? O que ele diria?

Ron Pogue, que começou como bilheteiro recolhendo ingressos no portão da frente da Disneylândia e acabou ascendendo ao cargo de vice-presidente da Disneyland International, descreve um valor fundamental que norteia as decisões:

– A filosofia de Walt Disney para o sucesso pode parecer simples: "A qualidade prevalecerá, ofereça ao público tudo que você puder e mantenha o lugar o mais limpo e simpático possível". O grande desafio, no entanto, é executar essa filosofia todos os dias, ano após ano.

A carreira de Ron foi tão longa quanto a de Thor, mas sua especialidade era a área operacional da empresa.

Van France e a equipe da Disney University trabalharam de mãos dadas com a equipe de operações para transmitir a filosofia de Walt a todos os funcionários. Enfim, eles conseguiram criar uma maneira de passar o bastão da equipe de treinamento da Disney University para a equipe de operações. Toda a equipe de operações acredita no valor da educação e do treinamento. Como Ron explica:

– Todos os nossos funcionários – os membros do nosso elenco – conheciam seu papel, fosse no palco ou nos bastidores. A chave era ter certeza de que a gerência entendia essa filosofia e sabia traduzir regularmente essa crença essencial para os membros do nosso elenco.

Todos conhecem sua tarefa de manter o clima de simpatia, a boa manutenção e a operação eficiente dos parques. Essa forma de trabalhar – também conhecida como a Filosofia Disney e o Estilo Disney – envolve um enorme investimento de tempo, treinamento e dinheiro que poucos estão dispostos a fazer. Na Disneylândia, a Filosofia Disney não é apenas algo recomendável, mas obrigatório.[4]

Os comentários de Ron parecem curiosamente familiares, não parecem?

Os valores organizacionais são tipicamente expressos em forma de manutenção de propriedade e pessoas. Os comentários do "cara das Operações" Ron Pogue refletem igual preocupação pela manutenção das instalações físicas, das coisas e das pessoas. Enquanto isso, Thor Degelmann, o "cara dos Recursos Humanos", enfatiza a importância da sequência do treinamento: O treinamento da Disney University deve ser combinado com o treinamento operacional no local de trabalho para que se possa garantir o preparo e a manutenção das instalações físicas e das pessoas.

Consideremos as similitudes entre os comentários feitos por esses dois executivos de carreira, um da Disney University e o outro das Operações Disney. Ambos seguem a mesma cartilha e compartilham os mesmos valores. Quantos líderes corporativos conseguem demonstrar que isso está acontecendo em suas empresas?

Como cativar corações e mentes

Existem muitos departamentos de treinamento e equipes de desenvolvimento organizacional em todo o mundo que contam com funcionários e instalações de classe mundial e generosos orçamentos. Muitas têm à sua disposição especialistas em elaboração de currículos com alto nível de escolaridade e as mais avançadas tecnologias audiovisuais. No que diz respeito à criação e implementação de programas, existe um bom número de empresas plenamente capazes de criar salas de aula reais e virtuais em cada Estado, província, região ou país em que operam.

Apesar dos recursos à sua disposição, muitos departamentos de treinamento têm dificuldade em proporcionar uma experiência educacional que sobreviva além das paredes dessas salas de aula ou das páginas de seus manuais de treinamento. Além disso, muitos departamentos de treinamento não conseguem obter o apoio dos funcionários para os conceitos, estratégias, diretrizes, regras, regulamentos, ideias e procedimentos apresentados durante o treinamento. Para superar esses problemas, os diretores de empresas e os chefes de departamentos de treinamento poderiam começar abordando as seguintes questões:

– Por que os procedimentos operacionais padrão de nossa empresa não são seguidos?

– Por que é difícil oferecer, de maneira consistente, o melhor serviço de atendimento ao cliente em nossa área de atuação?

– Por que é tão difícil estabelecer e sustentar um ritmo?

Até mesmo o programa de treinamento mais rudimentar, dotado da mais baixa tecnologia e sustentado por um orçamento limitado, pode dar conta do recado se for capaz de cativar corações e mentes. Os programas de treinamento refletem os valores e a saúde da empresa. O conteúdo dos programas, as pessoas que os ministram, os funcionários que participam e o apoio que os funcionários recebem fora da sala de aula revelam muito da cultura organizacional. Muitas empresas se beneficiariam só de observar o que suas atividades de treinamento (ou a falta delas) lhes dizem. Quais das

Quatro Circunstâncias de Van estão presentes? Juntas, elas garantem o envolvimento sentimental e intelectual.

– A inovação é incentivada? Até que ponto o pensamento criativo anticonvencional é estimulado no ambiente de treinamento e no exercício da função?

– O suporte organizacional está presente em todos os níveis? Os líderes, dos executivos de nível C aos supervisores da linha de frente, estão alinhados com a equipe de treinamento? Eles demonstram aberta e entusiasticamente o seu apoio? As equipes de operações e treinamento colaboram para garantir a eficácia do conteúdo e dos métodos de transmissão?

– A educação dos funcionários é valorizada e inegociável? Ou o treinamento é a primeira coisa a ser cortada quando o orçamento está apertado? (Se a segunda circunstância de Van – suporte organizacional – estiver realmente implantada, o treinamento não é cortado.)

– O entretenimento é incorporado às iniciativas de treinamento e educação? O treinamento é cativante e prático? São empregadas técnicas de treinamento empíricas com potencial de impacto (simulações, representações, exercícios) para obter o máximo de envolvimento de todos os treinandos, até mesmo dos introvertidos? Quando utilizado de forma eficaz, o entretenimento tem lugar em praticamente qualquer ambiente de treinamento, e ajuda a transformar teoria em ação e o enfadonho em memorável.

A imagem de Dick Nunis conduzindo pessoalmente dezenas de programas de orientação, o suficiente para alcançar milhares de membros do elenco, transmite uma mensagem eficaz. Na verdade, é incomum o presidente de qualquer empresa presidir programas de orientação ou treinamento, e é provável que essa conduta seja extensiva à maioria dos líderes. O que quase sempre acontece é exatamente o contrário: executivos desligados e distantes, transmitindo mensagens de indiferença, por meio de sua falta de envolvimento e apoio.

O sucesso da Disney University se deve à sua incrível capacidade de cativar o coração e a mente dos milhares de funcionários a que a instituição serve. Van France mesclou seus valores com os de Walt Disney, Dick Nunis e um elenco de líderes excepcionalmente criativos e os transformou em uma abordagem inovadora do desenvolvimento de funcionários.

Até hoje, décadas depois de sua fundação, a Disney University continua a produzir resultados invejados por líderes empresariais do mundo inteiro.

A Disney University certamente é muito mais do que Mickey Mouse e Pato Donald.

Revisão da Lição

COMO CATIVAR CORAÇÕES E MENTES:
Mickey Mouse e Pato Donald não são suficientes

Fornecimento de valores, não apenas de coisas

– As coisas têm validade limitada. A força e a durabilidade da mensagem da Disney University transcendem a fama dos personagens e produtos Disney.

– Os valores dão vida aos métodos de treinamento tanto da mais alta quanto da mais baixa tecnologia.

– A Disney University representa os valores da empresa.

O que se passa por trás da cortina

– Os objetivos e o conteúdo do treinamento da Disney University estão alinhados e contam com o apoio do pessoal de campo – a equipe de operações.

– A Filosofia Disney norteia cada decisão, tanto na área de operações quanto na Disney University.

É função de todos

– Os valores organizacionais são expressos por meio da manutenção das instalações e das pessoas.

– A gerência deve ser diligente, sob pena de o espetáculo se deteriorar. A gerência deve ser diligente, sob pena de o elenco se deteriorar.

Aplicação das Quatro Circunstâncias de Van

Inovar – Apoiar – Educar – Entreter

Cative corações e mentes

– Você seria capaz de identificar em sua empresa o equivalente às Quatro Circunstâncias de Van que servem de apoio para funcionários altamente treinados, bem preparados e motivados? De que maneira você aplica essas circunstâncias para cativar a mente e o coração dos funcionários?

De que maneira sua empresa estabelece o equilíbrio entre valores e coisas?

– Qual o seu equivalente ao Mickey Mouse ou ao Pato Donald, o seu direito à fama? Talvez seja sua tecnologia, seus produtos premiados ou seus canais de distribuição de classe mundial.

O que se passa por trás da cortina: a orientação

– Os objetivos do treinamento estão alinhados com os objetivos corporativos?

– Todas as suas divisões e unidades de negócios (jurídica, de marketing, de operações, de produção, financeira etc.) participam dos esforços de treinamento? Em caso afirmativo, como esses vínculos podem ser reforçados? Caso contrário, o que está faltando?

É função de todos (começando de cima)

– Sua equipe de liderança demonstra apoio firme aos esforços de desenvolvimento e treinamento de funcionários? Existe uma cultura de aprendizado e treinamento?

– Quem promove a sua cultura organizacional? Quem é o seu equivalente a Walt Disney, Van France ou Dick Nunis (supostamente, modelos de excelência para aqueles que aspiram ao cargo de diretor-cultural)?

NOTAS

1. *Gentlemen, this is a guest!*, programa de Serviço de Atendimento ao Cliente para gerentes da Disneylândia. Entrevistas com Dianna Stark, gerente de Treinamento Operacional aposentada, Disneylândia de Tóquio, 20 e 25 de julho e 26 de outubro de 2012.
2. Entrevistas com Tom Eastman, diretor-corporativo aposentado, Disney University, 29 de maio e 28 de julho de 2012.
3. Entrevistas com Thor Degelmann, vice-presidente aposentado de Administração e RH, Disneyland Paris Resort, 07 de maio e 14 de junho de 2012.
4. Entrevistas com Ron Pogue, vice-presidente aposentado, Disneyland International e Walt Disney Attractions, Japão, 07, 09 e 14 de maio de 2012.

Lição 3

É PRECISO ARTE E CIÊNCIA

As atrações não têm crises, e a Branca de Neve nunca tem um mau dia

Para manter uma operação como a Disneylândia em pleno funcionamento, é preciso investir muito [dinheiro]. Não se trata apenas de criar novas atrações, mas de ter as pessoas certas para operá-las... nunca deixando que o seu pessoal relaxe; nunca permitindo que eles sejam indelicados.[1]

– Walt Disney

Walt Disney desceu do barco do Cruzeiro pela Selva e não parecia satisfeito. Na verdade, havia algo de terrivelmente errado. Walt observara que o problema era com o comandante do barco, que não fizera direito o seu trabalho. E isso era inaceitável para Walt. Sim, o comandante havia conduzido o barco com segurança, portanto, o problema não era esse. Sim, ele havia recitado o seu script linha por linha, portanto, esse também não era o problema. Era outra coisa. O problema estava em sua atuação; ele não havia desempenhado seu papel com o entusiasmo que Walt queria. Faltou-lhe energia e expressão.

Ron Dominguez, aposentado como vice-presidente-executivo da Walt Disney Attractions, era o supervisor da área onde ficava situado o Cruzeiro pela Selva.

– Ouvimos dizer que Walt estava furioso com a péssima narração durante o Cruzeiro pela Selva, e que ele comunicou sua insatisfação a meu chefe, Dick Nunis – Ron explicou. – Walt disse a Dick: "Quero que os comandantes ajam como se cada viagem no Cruzeiro pela Selva fosse a primeira viagem deles. Quero que eles demonstrem surpresa quando os hipopótamos, de repente, assomarem de dentro da água. Os comandantes precisam se mostrar tão surpresos quanto os convidados".

Foi quando então Dick, Ron e toda a equipe do Cruzeiro pela Selva iniciaram um programa de treinamento que foi uma verdadeira maratona, a fim de garantir que todos os funcionários conhecessem o script e desempenhassem seus papéis com o devido entusiasmo.

Ron explicou:

– Iniciamos imediatamente uma avaliação da narração de cada comandante. Andamos com cada um deles e, ao final do passeio, nos sentamos na doca do Cruzeiro pela Selva para avaliar o desempenho e, em particular, o entusiasmo deles. Walt costumava aparecer de surpresa nas tardes de domingo, por isso, estávamos determinados a estar em "ponto de bala" por ocasião de sua próxima visita. A mensagem de Walt para nós era: "O melhor nunca é o melhor, e prestem atenção aos menores detalhes".[2]

O equilíbrio entre arte e ciência

Walt Disney e Van France sabiam a importância de alcançar e manter um equilíbrio entre arte e ciência. Construir e manter a Disneylândia – as atrações, os restaurantes, as lojas e as galerias – era apenas o ponto de partida: a ciência. Manter o clima da Disneylândia e o moral dos funcionários era a arte. Combinados, esses dois fatores criam um poderoso diferencial em relação à concorrência: as lojas, os restaurantes, os resorts e os parques de diversão disputam os mesmos clientes e funcionários. Van, um supervisor tão rigoroso quanto Walt, promovia incessantemente a arte da simpatia. Walt e Van, os incentivadores do equilíbrio, não tolerariam cair na armadilha que vitimava tantos de seus concorrentes.

– Manter o parque limpo. A concorrência não se preocupa tanto com a limpeza. Seus brinquedos são sujos e há lixo espalhado pelo chão do parque. Os uniformes de seus funcionários são amassados ou manchados.

– Zelar pela boa manutenção do parque. Os brinquedos dos concorrentes podem ser mais rápidos, mas não são tão bem mantidos e quebram com frequência.

– Manter o parque simpático. A concorrência pode ter muitos funcionários, mas eles não são bem treinados nem sabem as respostas para as perguntas dos clientes, além de não serem simpáticos.

O passeio de Walt no Cruzeiro pela Selva, somado a seu contundente comentário, é um claro exemplo de sua atenção à manutenção do parque e à importância da manutenção da arte e da ciência do espetáculo: nunca deixar que os brinquedos sofram de falta de cuidados adequados e manter o parque limpo e simpático.[3] Os membros do elenco e os dirigentes das propriedades Disney chamam esse processo de atualização das instalações físicas e do espetáculo.

Manter o parque atualizado

O termo atualizado abrange a estratégica de Walt de manter a relevância e a competitividade da Disneylândia, a incessante busca pela perfeição. A filosofia de Walt de manter o parque limpo, atualizado e simpático é extensiva a cada membro do elenco e a cada atração. A manutenção oportuna das atrações as mantém atualizadas.

O desenvolvimento contínuo dos membros do elenco os mantém atualizados, engajados e entusiasmados.

Dez anos após a abertura da Disneylândia, Walt reforçou seu compromisso de manter a Disneylândia atualizada. Durante as comemorações do 10º aniversário, Walt agradeceu ao seu pioneiro grupo de *imaginheiros* e à sua equipe pelo empenho em fazer da Disneylândia um sucesso. Entretanto, ele fechou a noite com o seguinte comentário:

> *Eu apenas quero deixar vocês com a noção de que isto é apenas um grande ensaio e de que estamos apenas começando. Portanto, se algum de vocês começar a se deitar sobre os próprios louros, é melhor esquecer.*[4]

A Disneylândia já estava há uma década em um período de sucesso sem precedentes, e Walt se referia a ela como um "grande ensaio". A advertência de Walt para que seus líderes evitassem se deitar sobre os próprios louros enfatiza a necessidade do constante aperfeiçoamento e da atenção aos detalhes. Deitar-se sobre os louros da vitória equivale a criar mofo, uma condição inaceitável para Walt. Ele esperava exatamente o oposto: que se mantivesse a Disneylândia atualizada zelando pela constante manutenção e limpeza do parque, renovando as atrações e garantindo um treinamento de classe mundial a cada membro do elenco.

Compartilhando o palco

Desde sua inauguração em 1955, Walt, Van e a equipe de liderança sabiam que o ambiente ímpar da Disneylândia imporia novos desafios à empresa. Pela primeira vez na história da Walt Disney Productions, a plateia e os atores dividiriam o palco, com o espetáculo em constante desenvolvimento. Quando a Disneylândia ainda não existia, os Estúdios Disney trabalhavam exclusivamente com a produção de filmes. Como Walt Disney dizia:

> *Um filme é algo que, depois de finalizado e transportado para tecnicolor [laboratórios cinematográficos], acabou.*[5]

Não no ambiente da Disneylândia. Ao contrário do teatro convencional, no qual a distância entre a plateia e os atores no palco não permite uma inspeção detalhada, na Disneylândia os espectadores estariam em contato direto com os artistas. Na verdade, os visitantes não só eram convidados a se juntar aos artistas no palco como podiam inspecionar de perto tanto os atores como o cenário. Isso não permitia acessórios de palco mal construídos, personagens da Disney com vestimentas de má qualidade e artistas usando maquiagem pesada demais.

O novo ambiente de entretenimento da Disneylândia suscitou também a pergunta: Quem são exatamente os "atores"? Van e sua equipe inicial de treinadores queriam que todos entendessem que "quando você está no palco, você é um ator". Esse termo, portanto, não se restringe àqueles que têm contato direto com os convidados – estacionando carros, servindo refeições, operando as atrações e atuando como os famosos personagens da Disney, por exemplo. É um termo que também abrange o pessoal de manutenção, as equipes da zeladoria e os membros do elenco responsáveis pela limpeza, que durante o horário de funcionamento do parque são observados pelos convidados e, portanto, fazem parte do espetáculo tanto quanto os outros. Esse ambiente singular cria desafios e oportunidades sem precedentes para que muitos membros do elenco desempenhem duas funções ao mesmo tempo:

– Os membros do elenco de manutenção e zeladoria são treinados para ajudar convidados que, porventura, possam estar perdidos no parque.

– Os membros do elenco responsáveis pela limpeza (garis) aprendem que tirar fotos das famílias causa uma impressão duradoura e positiva.

– Os membros do elenco da segurança conhecem o poder de se dirigir a uma criança tratando-a pelo nome.

Os funcionários da Disney University reforçam constantemente a mensagem de que os membros do elenco representam vários papéis, como no exemplo a seguir:

Leslie, um membro do elenco da segurança, vê uma criança, curva-se e pergunta:

– Oi, Jamal. Você está se divertindo hoje?

Essa breve interação cria um momento que nem a criança nem os pais jamais esquecerão. Como eles sabem o nome da criança? (Dica: Os membros do elenco estão constantemente atentos às crianças que estão usando o boné com as orelhas do Mickey Mouse. O nome da criança normalmente está bordado na parte da frente do boné.)

"Queremos conhecer a Branca de Neve"

Uma das primeiras lições que todos os membros do elenco aprendem é que "A Disneylândia propriamente dita é a estrela; tudo o mais desempenha papel coadjuvante".[6] Em outras palavras, divas não são permitidas. Um elenco repleto de poderosos talentos atuando em papéis coadjuvantes pode ser responsável pelo sucesso de uma produção, mas o inverso é igualmente verdadeiro: um único ator mal escalado, representando um papel coadjuvante (não o papel principal), pode destruir uma peça criada pelos melhores projetistas, produtores, roteiristas e equipes de construção do mundo. Um ator destoante em um papel aparentemente insignificante pode desviar a atenção da plateia da beleza do cenário e das habilidades dos demais atores. Na Disneylândia, todos os membros do elenco sabem que, independentemente de seu papel, eles podem contribuir para o sucesso ou o fracasso da experiência dos convidados.

Ninguém sabe quem inventou originalmente a seguinte história – fictícia e poderosa – que os treinadores da Disney University contam durante o programa de orientação e que é a cara de Van. A imagem que essa história cria na mente de cada membro do elenco é forte, clara e duradoura.

Imaginemos por um instante que uma família de cinco pessoas tenha acabado de passar pelo portão de entrada da Disneylândia ou da Walt Disney World. Essas pessoas viajaram horas de carro, ônibus ou avião, e mamãe e papai estão exaustos; as três crianças estão mais do que entusiasmadas. Aliás, as crianças estão alvoroçadas há três meses, desde que souberam de suas férias na Disney. Elas falam sem parar, dizendo:

– Não vemos a hora de conhecer a Branca de Neve e lhe pedir um autógrafo e tirar uma foto com ela.

Avancemos 30 minutos. Agora todos finalmente estão no parque. Mamãe e papai estão tomando sua primeira xícara de café, enquanto as crianças, agitadas, correm de um lado para outro procurando a Branca de Neve. Até que elas a avistam! Ela é linda como elas imaginavam. As crianças correm em direção à Branca de Neve para lhe pedir um autógrafo – que elas ganharão! Cercando a Branca de Neve, as crianças puxam sua capa e gritam:

– Queremos seu autógrafo, queremos seu autógrafo!

Passemos à próxima etapa.

Suponhamos que a Branca de Neve esteja farta do barulho das crianças e em um mau dia. Ela enfrentou um trajeto difícil para o trabalho hoje de manhã e os Sete Anões chegaram atrasados ao trabalho. Enfim, a Branca de Neve está de maus bofes. Em um ataque de fúria, ela se vira, lança um olhar fulminante para as crianças e esbraveja:
– Deixem-me em paz. Vocês não veem que eu não quero ser importunada?
Para piorar ainda mais as coisas, a Branca de Neve exibe um cigarro pendendo do canto da boca, sua peruca está caída para trás na cabeça e seu vestido está sujo e amassado.

A essa altura, qual o efeito disso para as crianças? Será que elas ainda estão entusiasmadas em estar na Disneylândia? Você acha que mamãe e papai, assistindo a essa cena a distância, estão comentando: "Puxa, não é maravilhoso como a Disney mantém este lugar tão limpo? Ouvi dizer que um verdadeiro exército de funcionários sai todas as noites para consertar os brinquedos e limpar a sujeira, as marcas de dedos deixadas nos vidros e metais e os chicletes grudados no chão. Adoro este lugar"? É isso que eles estão dizendo um ao outro?

É claro que os membros recém-contratados do elenco sempre riem muito dessa história. A princípio, parece uma situação ridícula. Alguém poderia imaginar a Branca de Neve tão grosseira ou relaxada? E quanto aos membros do elenco em um papel mais coadjuvante trabalhando no estacionamento, nos restaurantes ou nas lojas? Eles também, com uma fisionomia carrancuda ou um tom mordaz, podem estragar o dia de um convidado, assim como um cantor desafinado em um papel igualmente coadjuvante pode privar os espectadores da execução impecável de uma musical.

A equipe da Disney University então pede aos participantes do programa de orientação que imaginem outras situações em que eles mesmos sejam o cliente ou o paciente. Isso é sempre um alerta para que os treinandos descubram com que frequência cada um deles tem contato com prestadores de serviços desatenciosos ou grosseiros como a nossa Branca de Neve imaginária.

Conheça o ofício e desempenhe-o com um sorriso

Até mesmo os concluintes mais recentes do treinamento da Disney University sabem a importância da arte e da ciência. Simpatia e competência técnica são uma combinação formidável. Para os membros do elenco que representam a Branca de Neve, isso significa duas coisas:

– A arte de ser Branca de Neve. Ela recebe um longo treinamento sobre como lidar com a realidade de representar estando cercada pelo público. A Branca de Neve sabe que terá de interagir com convidados de todas as idades e ser simpática. Suas habilidades interpessoais garantem que ela não verá essas interações com os convidados como incômodas interrupções.

– A ciência de ser Branca de Neve. Ela tem de se transformar na Branca de Neve. Ela tem de conhecer cada movimento executado pela Branca de Neve no clássico filme. Seus conhecimentos técnicos ajudam a transformá-la na personagem.

Muitas empresas têm dificuldade em alcançar esse equilíbrio entre simpatia e competência técnica. O processo de desenvolvimento de funcionários que conheçam o ofício e sejam capazes de desempenhá-lo com um sorriso no rosto escapa aos departamentos de treinamento de muitas empresas. As empresas que toleram funcionários tecnicamente competentes, mas grosseiros (ou indiferentes), sofrerão as consequências. É claro que funcionários sorridentes não têm como compensar uma linha de produtos defasada ou uma tecnologia falha. Colocar todos os ovos na cesta da ciência ou da arte acabará afastando as pessoas realmente importantes: os bons funcionários e os preciosos clientes.

A mensagem de Walt para a tripulação do Cruzeiro pela Selva foi clara: a tecnologia avançada e o sistema operacional bem mantido que tornam a atração tão cativante são apenas uma parte de um complexo quebra-cabeça. Os leões e hipopótamos que parecem reais, a envolvente trilha sonora e as plantas tropicais preenchem parte desse quebra-cabeça. O barco, estrategicamente pintado para parecer velho e enferrujado, é outra peça. Assim como o limpo traje de safári fornecido ao comandante. Por fim, a entusiástica execução do script de narração pelo comandante completa o quadro. Quando combinadas, todas essas peças inter-relacionadas produzem uma experiência encantadora para o convidado. Essa aventura pode ser instantaneamente arruinada por um membro do elenco desanimado. A Disney University mantém viva a mensagem de Walt e Van. Coisas surpreendentes acontecem quando são atribuídos pesos iguais à arte e à ciência: as atrações operam de forma coerente e a Branca de Neve só tem bons dias.

Revisão da Lição

É PRECISO ARTE E CIÊNCIA

As atrações não têm crises, e a Branca de Neve nunca tem um mau dia

Busque o equilíbrio entre arte e ciência

– A combinação de simpatia (arte) com um produto ou serviço atraente (ciência) é um poderoso diferencial competitivo. Nem a arte nem a ciência isoladamente são suficientes.

– Conheça o ofício (ciência) e desempenhe-o com um sorriso (arte). Uma Branca de Neve rabugenta ou um comandante do Cruzeiro pela Selva desanimado podem arruinar toda uma organização.

– Até mesmo os comandantes mais entusiásticos do Cruzeiro pela Selva estão condenados ao fracasso se seus barcos estiverem sempre dando pane.

Mantenha o parque sempre atualizado
"Isto é apenas um grande ensaio, e estamos apenas começando."

A mensagem de Walt Disney para sua equipe de liderança na Disneylândia, mesmo depois de uma década de sucesso, é clara: criar mofo não é uma opção.

– O melhor nunca é o melhor.

– A constante atualização e a manutenção das instalações e das atrações são apenas o começo.

– Garantir o treinamento e o entusiasmo dos funcionários é um requisito igualmente importante.

Aplicação das Quatro Circunstâncias de Van
Inovar – Apoiar – Educar – Entreter

Como você aplica as Quatro Circunstâncias de Van em sua empresa? Como você as aplica às áreas-chave identificadas nesta lição: buscar o equilíbrio entre arte e ciência e manter o parque sempre atualizado? Quais das Quatro Circunstâncias são as mais fortes? Quais são as mais fracas?

Busque o equilíbrio entre arte e ciência
Existe em sua empresa um equivalente a uma Branca de Neve rabugenta, um comandante desanimado do Cruzeiro pela Selva ou um barco do Cruzeiro pela Selva que esteja sempre dando pane?

– Em caso afirmativo, por que essa situação é tolerada?

– O que precisa ser feito para mudar essa situação?

– Quais são os obstáculos?

– Quem, na sua empresa, poderia indicar o caminho?

Mantenha o parque sempre atualizado

– Como você moderniza seu produto, seu serviço, sua instalação e sua equipe para manter tudo atualizado?

– Em que aspectos você poderia melhorar?

– Quanto custará para melhorar?

– Quanto custará para não melhorar?

NOTAS

1. Programa de treinamento *Spirit of Disneyland* para os gerentes da Disneylândia de Tóquio, 1981-1983.
2. Entrevistas com Ron Dominguez, vice-presidente-executivo aposentado, Walt Disney Attractions, 14 de junho e 19 de julho de 2012.
3. Entrevistas com Ron Pogue, vice-presidente aposentado, Disneyland International e Walt Disney Attractions, Japão, 07, 09 e 14 de maio de 2012.
4. FRANCE, Van Arsdale. *Window on main street,* p. 79.
5. FRANCE, Van Arsdale. *Window on main street* p. 16.
6. Entrevistas com Thor Degelmann, vice-presidente aposentado de Administração e RH, Disneyland Paris Resort, 07 de maio e 14 de junho de 2012.

Lição 4

COMO REUNIR FATOS E SENTIMENTOS

Circule pelo parque

Walt circulava regularmente pelo parque, procurando problemas ou aspectos que pudessem ser melhorados. Ele era bom nisso e sempre recebia bem as sugestões. Eu copiei a rotina dele. Percorria constantemente o parque, procurando coisas diferentes, os problemas das pessoas. Identificar fatos é fácil; eu procurava os sentimentos que incomodavam os membros do elenco.[1]

– Van France

Com a máquina fotográfica na mão, Van sai de seu escritório, uma cabana em ruínas na área dos bastidores da Disneylândia. Como de costume, ele se dirige ao parque.

Van não tem uma programação específica, mas sua agenda é sempre a mesma: fazer contato e interagir com o maior número possível de convidados e membros do elenco.

Na Terra da Fantasia (Fantasyland), ele passa pelo portão identificado com a placa "Acesso autorizado somente para membros do elenco" e entra na área do palco da Disneylândia. Milhares de convidados estão circulando pela área, ávidos por aproveitar ao máximo o dia. Van ajusta o obturador de sua máquina e começa a tirar fotos. Ele sabe que esse pequeno e cômodo instrumento é uma ponte instantânea, uma forma de ensejar o contato com os convidados e os membros do elenco. Afinal, quem desprezaria a oportunidade de tirar uma foto na Disneylândia? Os convidados adoram, e os membros do elenco estão sempre prontos para atuar.

Hoje, Van percorre o parque, da Terra da Fantasia à Terra do Futuro antes de chegar à Rua Principal, envolvendo confortavelmente os convidados e membros do elenco... e tirando fotos. Ele passa entre as áreas do palco e dos bastidores da Disneylândia.

– Como estão indo as coisas por aqui? – ele pergunta a um membro do elenco do setor de primeiros socorros que está atendendo uma criança que arranhou o joelho. – Posso tirar um foto?

Clique.

Aproximando-se de um casal recém-casado em frente ao Castelo da Bela Adormecida, com a máquina fotográfica na mão e um grande sorriso, Van pergunta:

– Estão se divertindo na Disneylândia hoje?

Clique.

Ele sabe que os convidados sempre gostam de se juntar para tirar uma foto. Na Viagem do Submarino, ele avista uma família de cinco pessoas:

– Vamos colocar toda a família nessa foto.

Clique.

Na entrada principal da Disneylândia, Van opera a roleta, conferindo os ingressos dos convidados e fazendo piadas. Ele aborda convidados de mais idade com a pergunta:

– Por gentileza, posso ver sua identidade?

Ele conversa com os membros do elenco responsáveis pela operação das atrações, pelo serviço de alimentação e pela venda de produtos. Como Van quer ouvir várias opiniões de diversas fontes, ele arranja tempo para conversar com os garis e as equipes de limpeza. Afinal, quem para conhecer melhor as condições do parque do que o pessoal da manutenção?

Van passa a maior parte do tempo nos bastidores, interagindo com os membros do elenco de suporte ao espetáculo. Em dado momento, Van conversa com o chefe de cozinha do Inn Between, a cantina dos funcionários da Disneylândia situada logo atrás do restaurante Plaza Inn. O chefe está ocupado mexendo uma enorme panela de *chili*. Em seguida, ele está em uma área de descanso dos funcionários e aborda vários membros do elenco que estão comendo sanduíches.

Ao retornar para seu escritório nos bastidores, Van larga a máquina fotográfica e vai para sua mesa. Enquanto insere uma folha de papel na máquina de escrever, ele pensa nos muitos comentários que ouviu durante sua volta pelo parque. Muitos são positivos, mas alguns são críticos e requerem atenção.

Embora longe de um processo científico, o processo de coleta de dados de Van dá conta do recado. Embora seu crachá o identifique como um funcionário, à combinação de máquina fotográfica, sagacidade e sorriso fácil ajuda os convidados e os membros do elenco a relaxar. Eles não hesitam em se abrir e compartilhar suas opiniões.

Van, um escritor prolixo, começa a datilografar. Ele olha para sua máquina fotográfica e sorri. Ela lhe havia sido muito útil; e hoje tinha filme, mas na semana passada...

Uma perspectiva diferente

Walt Disney conhecia o valor de saber o máximo possível a respeito das linhas de frente estando presente nas linhas de frente.

De seu apartamento acima da estação dos bombeiros, na Disneylândia, Walt adentrava o parque a qualquer hora, a fim de interagir com convidados e membros do elenco. Ron Miller, ex-CEO da Walt Disney Productions – e genro de Walt Disney – passava o tempo na companhia de sua família e de Walt nesse mesmo apartamento e conhece bem o padrão:

– Walt se preocupava com todos. Ele saía de seu apartamento à noite para interagir com o pessoal da manutenção e os camaradas que limpam a poeira dos trilhos dos bondes na Rua Principal.[2]

A estratégia de Walt de circular pelo parque datava da época da construção da Disneylândia. Ele visitava regularmente o canteiro de obras para avaliar a proporção ou o tamanho dos prédios. Era comum ver Walt agachado olhando para um prédio a partir de um ângulo mais baixo. O seu comentário igualmente comum "Vocês acham que as crianças olharão para cima para ver isso?" deixava os planejadores e projetistas pisando em ovos. A determinação de Walt de ver as fachadas das lojas e os prédios pela perspectiva das crianças garantia a satisfação das necessidades dessa grande população de convidados – um grupo quase sempre negligenciado.[3]

Walt Disney nunca deixou de ver a Disneylândia pela perspectiva do convidado, mesmo anos depois da abertura do parque. Os membros do elenco não tinham como prever o momento inesperado em que Walt apareceria.

O operador de brinquedos da Terra da Fantasia está ocupado transferindo as gôndolas do Skyway para a área de embarque. É meados do inverno e não há muito movimento na Disneylândia, tampouco nessa atração. O operador se vira e fica atônito ao ver Walt Disney sentado em um banco observando-o.

Walt se manifesta.

– Posso falar com você um instante?

– Sim, senhor – diz o membro do elenco, nervoso, dirigindo-se até o banco para se sentar ao lado de Walt. Embora já tivesse ouvido falar desses momentos em que Walt aparece inesperadamente, essa era a primeira vez que acontecia com ele.

– Estamos pensando em atualizar o skyway – Walt informa ao operador. – Você opera esse brinquedo todos os dias, por isso, não me ocorre ninguém mais qualificado do que você para me dar algumas ideias para o novo projeto.

Um pouco surpreso, o membro do elenco pondera o comentário de Walt antes de oferecer sua sugestão:

– Na verdade, o teto das gôndolas é baixo demais e os convidados geralmente batem a cabeça quando embarcam e desembarcam.

Quando eles concluíram essa breve troca de ideias, Walt lhe agradeceu. Com a intenção de examinar melhor o brinquedo, Walt fez menção para embarcar em uma das gôndolas... e bateu a cabeça!

Recordando aquele dia, o membro do elenco diz:

– Walt arranjou tempo para pedir a mim, um funcionário de 18 anos, minha opinião sobre o Skyway.

Mais impressionante ainda foi o fato de que as gôndolas do Skyway recém-reprojetado tinham o teto mais alto.[4]

Van, assim como Walt, era adepto de andar pelo parque para coletar informações. Em geral, munido de sua confiável máquina fotográfica (com ou sem filme), Van buscava incansavelmente a opinião e as ideias dos membros do elenco e dos convidados.[5] Era mestre em se relacionar com as pessoas e discerni-las.[6] Desde seus primeiros dias na função até o dia em que se aposentou, Van manteve contato com convidados, membros do elenco horistas, executivos e todos mais. As perspectivas dessas pessoas forneciam novos pontos de vista a Van; as voltas de inspeção pelo parque lhe proporcionavam novos *insights*.

Bill Ross passou inúmeras horas com Van durante seus 32 anos de carreira na Walt Disney Company. Antes de se aposentar como vice-presidente-sênior de relações públicas, Bill gerenciou a Disney University e dizia:

– Mais do que qualquer pessoa que já conheci, Van estava sempre de olho em novas ideias. Ele tinha um amplo círculo de amizades e uma forte rede de contatos. Se Van estivesse conosco hoje, ele adoraria usar as redes de mídia social.[7]

A capacidade de Van para reunir fatos e sentimentos se revelou de inestimável valor quando a Disneylândia se viu diante de um período crítico de desenvolvimento.

A Disneylândia e Van se desenvolvem

A ideia de criar a Disney University, como a instituição é conhecida hoje, surgiu em 1962. Sete anos após a grande abertura da Disneylândia, em 1955, o parque havia crescido e mudado em diversos aspectos, desde o número e a complexidade das atrações até a expansão do contingente de funcionários. Com essa expansão vieram as inevitáveis dificuldades decorrentes do crescimento. A deterioração do moral dos funcionários e a abordagem desordenada (às vezes, inexistente) do treinamento dos funcionários eram o que mais perturbava Van.

Van também havia mudado desde que começara a trabalhar com Walt e a equipe de liderança original da Disneylândia. Depois de criar o revolucionário programa de orientação que "transformaria um diversificado grupo de californianos sem experiência na área em produtores do 'Sonho Disneylândia'", Van deixou a empresa por um breve período. Durante o tempo em que esteve fora da Disney, exerceu diversas atividades, desde a elaboração de programas de orientação e treinamento para outras entidades recreativas até a assessoria de urbanistas para questões como aperfeiçoamento de projetos urbanos. Agora, dois anos depois, Van estava de volta à Disneylândia. Seu distanciamento do parque lhe proporcionara uma nova perspectiva, e estava ansioso por lançar novas abordagens.

A crise dos sete anos

Van comparava os desafios da Disneylândia à crise dos sete anos que pode afetar os casamentos. Talvez fosse mais como a criança na fase das birras ou o adolescente que rejeita autoridade. Qualquer que seja o rótulo, tudo começou na Disneylândia no início da década de 1960. "O lugar mais alegre da Terra" tinha sete anos quando começou a enfrentar alguns problemas em relação ao moral dos funcionários.[8] Determinado a investigar as questões básicas, Van lançou mão de uma estratégia que utilizava na época em que trabalhou como treinador em uma fábrica de aviões: ele saía e "percorria o chão de fábrica" na Disneylândia.

Essa tática lhe serviu para abrir os olhos para alguns problemas subjacentes. Como Van dizia, "Havia um inegável descompasso entre o romance que pregávamos nas sessões de orientação e a realidade de algumas funções".[9] O programa de orientação que ele e Dick Nunis criaram em 1955 precisava ser atualizado. Ele constatou também a existência de crescentes atritos entre os funcionários em alguns departamentos. As equipes de operações e manutenção nutriam um antagonismo mútuo em relação a seus respectivos valores. Van sabia que seria impossível sustentar a magia da Disneylândia enquanto o pessoal de manutenção chamasse seus colegas da área de operações (aqueles que operam os brinquedos) de "acionadores de botões", e o pessoal de operações, por sua vez, chamasse os funcionários da área de manutenção de "trocadores de lâmpadas".

Van estava ciente também de que o estilo de liderança de alguns gerentes era extremamente frustrante para diversos membros do elenco. Essencialmente, o estilo de liderança autocrático que se estendera do período pós-Guerra até a década de 1950 não estava funcionando com os membros do elenco mais jovens.[10] A nova geração exigia um estilo de liderança mais inclusivo.

Van continuava a circular pelo parque, coletando dados e interagindo com membros do elenco em todos os níveis. Sua singular capacidade de se relacionar com as linhas de frente era reforçada por sua capacidade de capturar fatos e sentimentos. Van dizia: "Identificar fatos é fácil; eu procurava os sentimentos que incomodavam os membros do elenco. Eu nunca rejeitava as pessoas quando elas tinham queixas ou queriam desabafar".[11]

Um pé no passado e outro no futuro

Circular pelo parque ajudava Van a esclarecer os problemas e depois visualizar um processo que lhe permitisse fechar as lacunas. Apesar de sua ligação emocional com o programa de orientação original que ele e Dick Nunis haviam criado, Van reconhecia a urgência de mudar.

O programa de Van e Dick de 1955, "Nós criamos alegria", combinado com o treinamento ministrado pelo pessoal de operações, significava que um membro do elenco recém-contratado estaria habilitado a operar um brinquedo literalmente horas depois de ingressar na empresa. Um padrão comum desse processo original de treinamento era o seguinte:

– O novo membro do elenco era contratado.

– O membro do elenco podia participar do programa de orientação de novos contratados (que era ministrado de maneira esporádica).

– O membro do elenco, desacompanhado, se dirigia ao departamento de vestimentas.

– O membro do elenco, desacompanhado, se dirigia à área de trabalho designada.

– O membro do elenco recebia uma visão geral das operações que lhe era transmitida por um membro sênior do elenco.

Essa abordagem funcionou durante os primeiros anos de operação da Disneylândia, quando o parque era menor, as operações eram menos complexas e havia menos pessoas a ser treinadas. Sem dúvida, essas dedicadas equipes de membros do elenco dos anos iniciais de operação do parque ofereciam um produto excepcional. Com o crescimento da Disneylândia, no entanto, a complexidade era cada vez maior e o processo de treinamento de funcionários tinha de se desenvolver.

O modelo de 1955 de orientação e treinamento de membros do elenco que fora tão bem-sucedido durante os primeiros anos de existência da Disneylândia já não era suficiente. Van estava diante de um paradoxo: preservar o passado preparando-se para o futuro. Ele precisava identificar e preservar os componentes da orientação e do treinamento responsáveis pelo estonteante sucesso dos sete primeiros anos da Disneylândia.

– Ambiente simpático.

– Apresentações criativas.

– Conteúdo útil.

Ele tinha de estabelecer o equilíbrio entre esses fundamentos, preparando, ao mesmo tempo, os membros do elenco – inclusive os gerentes – para um futuro muito mais complexo e determinado pelos seguintes fatores:

– *Consistência*. Todos deveriam participar do programa de orientação de novos contratados.

– *Sistemas*. O programa de orientação deveria ser seguido de um treinamento prático específico.

– *Educação contínua*. Os supervisores e gerentes precisavam de treinamento em liderança e habilidades de comunicação.

Marty Sklar, aposentado como vice-presidente do Conselho de Administração da Walt Disney Imagineering depois de 50 anos de carreira, diz o seguinte de Van:

– Van deu entusiasticamente continuidade aos padrões originalmente implantados por Walt Disney. Além disso, a experiência de Van fora do mundo do entretenimento foi um grande benefício adicional; ele via as coisas de outra forma.

Marty, que também trabalhou diretamente com Walt em diversos projetos, sabe a pressão que Van deve ter enfrentado para melhorar o treinamento, respeitando, ao mesmo tempo, o legado da empresa. Walt lidava constantemente com o mesmo tipo de pressão e era um bom exemplo para seus jovens executivos.

De acordo com Marty:

– Walt tinha um pé no passado e outro no futuro. Ele não fez da história de nossa empresa a coisa mais importante, mas a manteve viva. Utilizou a história como base para construir uma ponte para o futuro.[12]

O momento era adequado para que Van construísse uma ponte para o futuro do treinamento para a Disneylândia. Era o momento certo para a Disney University.

Revisão da lição

COMO REUNIR FATOS E SENTIMENTOS
Circule pelo parque

Uma nova perspectiva
– Durante toda a sua carreira, Van manteve contato com convidados, membros do elenco, executivos e todos mais.
– Assim como Walt, Van circulava regularmente pelo parque, procurando problemas ou aspectos que pudessem ser melhorados.

O lugar mais alegre da Terra?
– A Disneylândia se desenvolveu nos primeiros sete anos de operação, tornando-se um ambiente maior e mais complexo.
– O treinamento dos membros do elenco não se desenvolvera com parque e o moral dos funcionários começava a ser afetado.
– Van identificou um descompasso de correspondência entre o romance pregado nas sessões de orientação e a realidade da vida na linha de frente.
– Os membros mais jovens do elenco rejeitavam os estilos de liderança autocráticos prevalentes nas décadas de 1940 e 1950.

Como reunir fatos e sentimentos
– Identificar fatos é fácil. Van procurava os sentimentos que incomodavam os membros do elenco.
– Van nunca evitava as pessoas que tinham queixas ou precisavam desabafar.

Um pé no passado e outro no futuro
– Busque o equilíbrio entre a história e o legado organizacionais e as necessidades atuais e futuras.
– A história organizacional não é a coisa mais importante. Preserve a história e use-a como base para construir pontes para o futuro.

Aplicação das Quatro Circunstâncias de Van

Inovar – Apoiar – Educar – Entreter

Reúna fatos e sentimentos

Você seria capaz de identificar na sua empresa o equivalente às Quatro Circunstâncias de Van que respaldam a política de circular pelo parque e manter contato com as linhas de frente? Como você aplica essas circunstâncias para reunir fatos e sentimentos de seus funcionários e clientes?

Circule pelo parque

– Em sua empresa, qual o equivalente a circular pelo parque? Quem faz isso e com que frequência?

– De que maneira essa estratégia poderia ser melhorada? Envolvendo mais pessoas? Aumentando a frequência?

– Se os líderes não estão circulando pelo parque, qual a desculpa?

– Walt Disney conseguia arranjar tempo durante o dia para circular pelo parque. Por que todo líder não pode fazer isso?

O lugar mais alegre da Terra?

– Existe algum descompasso entre os ideais defendidos pelos seus programas de orientação e treinamento e a realidade da função?

– De que maneira a eficácia do treinamento é avaliada? Com que frequência?

Um pé no passado e outro no futuro

– De que maneira a história de sua empresa é mantida viva? Como isso poderia ser melhorado?

– De que maneira sua empresa estabelece o equilíbrio entre história e legado e necessidades atuais e futuras? Com apoio de quem?

NOTAS

1. FRANCE, Van Arsdale. *Window on main street,* p. 69.
2. Entrevistas com Ron Miller, CEO aposentado, Walt Disney Productions, 17 de julho e 19 de setembro de 2012.
3. Programa de treinamento *Spirit of Disneyland* para os gerentes da Disneylândia de Tóquio, outubro de 1981.
4. Entrevistas com Tom Eastman, diretor-corporativo aposentado, Disney University, 29 de maio e 28 de julho de 2012.
5. Entrevistas com Jim Cora, presidente aposentado do Conselho de Administração, Disneyland International, 08 de março, 09 e 14 de maio e 26 de julho de 2012.
6. Entrevistas com Darrell Metzger, diretor aposentado de RH, Disneylândia de Tóquio, 09 e 27 de maio de 2012.
7. Entrevistas com Bill Ross, vice-presidente-sênior de Relações Públicas, Walt Disney Parks and Resorts, 10 de maio, 17 de setembro e 13 de outubro de 2012.
8. Entrevistas com Jim Cora, presidente aposentado do Conselho de Administração, Disneyland International, 08 de março, 09 e 14 de maio e 26 de julho de 2012.
9. FRANCE, Van Arsdale. *Window on main street,* p. 69.
10. Entrevistas com Jim Cora, presidente aposentado do Conselho de Administração, Disneyland International, 08 de março, 09 e 14 de maio e 26 de julho de 2012.
11. FRANCE, Van Arsdale. *Window on main street,* p. 69.
12. Entrevista com Marty Sklar, vice-presidente aposentado do Conselho de Administração e executivo principal de criação da Walt Disney Imagineering (WDI), 15 de agosto de 2012.

Lição 5

ESTEJA DISPOSTO A MUDAR SOB PENA DE PERECER

O nascimento da Disney University

Nosso tema da "alegria" foi ótimo durante os primeiros anos e nós ainda utilizamos os elementos básicos desse programa. Agora, porém, precisávamos fazer algo novo, algo que impusesse responsabilidade e autodisciplina a todo o nosso pessoal-chave.[1]

– Van France

É outono de 1962 e Jim, recém-saído do Exército e cursando uma universidade local, atravessa a Disneylândia a caminho do trabalho. Sua função de supervisor da montanha-russa Matterhorn lhe enche a cabeça de possibilidades. Absorto em pensamentos, ele mal nota o peso da pilha de livros que leva debaixo do braço – livros que pretende usar para se preparar para um projeto futuro. Jim está determinado a melhorar o processo de treinamento de funcionários na Matterhorn.

Ele analisa a abordagem existente utilizada para o treinamento dos operadores. É um processo de transmissão verbal dos funcionários mais velhos para os mais jovens. Esse método funcionou durante anos, mas o parque está crescendo, assim como o número de funcionários. O processo de treinamento também precisa evoluir.

Influenciado por sua experiência de treinamento no Exército, Jim está trabalhando na elaboração de um programa de treinamento padronizado que garantirá a precisão e a consistência das informações compartilhadas com todos os operadores da Matterhorn.

Pelo canto do olho, ele avista Walt Disney circulando pelo parque com as mãos enfiadas nos bolsos. Walt está vindo em sua direção. É uma manhã de sábado, e Jim, assim como todos os outros funcionários da Disneylândia, sabe que Walt gosta de percorrer o parque nos fins de semana. Atarantado, Jim tenta evitar o contato visual, mas não adianta.

Walt o chama:

– Ei, Jim, venha cá.

Como Walt sabe meu nome?, Jim se pergunta. Na hora, Jim se esquece de que seu nome está claramente escrito no crachá de metal que ele está usando.

– Quanto livro! – Walt diz. – O que você está estudando?

– Eu sou estudante universitário – Jim responde, e acrescenta: – Além disso, estou trabalhando em um novo programa de treinamento de operadores da Matterhorn. Acabei de sair do Exército e acho que poderíamos nos beneficiar da implementação de um processo de treinamento semelhante ao que conheci lá. Poderíamos utilizar um programa de treinamento que tivesse consistência e listas de verificação para garantir a precisão.

Ouvindo atentamente, Walt responde:

– Eu servi o Exército durante a Primeira Guerra Mundial e esse tipo de treinamento faz sentido para mim.

Em seguida, Walt acrescenta um comentário que Jim jamais esquecerá:

– Tem um camarada lá na administração chamado Van France que você poderá gostar de conhecer. Van está implantando algo chamado Universidade da Disneylândia. Caso você esteja interessado em fazer treinamento, vá conhecer o Van e diga-lhe que foi indicado por mim.[2]

Mais do que uma Universidade apenas no nome

A Universidade da Disneylândia foi criada sete anos após a grande abertura da Disneylândia, em resposta às exigências de uma instituição que amadurecia rapidamente. Apesar do sucesso do modelo original de orientação de funcionários criado por Van, estava na hora de evoluir e melhorar.

O fato de circular pelo parque e interagir com um grande número de membros do elenco permitia que Van percebesse as inadequações do processo de orientação e treinamento então existente – ou a completa falta desse tipo de processo. Ele conseguia compreender as razões pelas quais alguns membros veteranos do elenco zombavam da orientação baseada no tema da alegria, considerando-a nada mais do que um superficial "pó mágico".

– O material de treinamento estava defasado.

– Os apresentadores estavam fora da realidade das operações do parque.

– Funções que haviam começado como um trabalho temporário de verão haviam se transformado em funções efetivas de carreira.

– Trabalhar longas horas nos fins de semana, à noite e nos feriados era uma tarefa árdua.

– Exaustos, os membros do elenco estavam se tornando descrentes.

Van via necessidade também de expandir, deixando de lado a versão simplificada do programa de orientação de 1955 por uma sequência mais completa que contivesse um componente de treinamento prático regularmente aplicado. Por fim, os supervisores e gerentes precisavam ter contato com habilidades contemporâneas de comunicação e liderança.

A credibilidade era um fator de grande preocupação para Van. Ele comenta:

– "A Universidade" era um bom nome, mas será que teria alguma consistência dentro da empresa?[3]

Conteúdo aplicável, apresentação digna de crédito

Determinado a reprojetar o programa de orientação e treinamento, Van tinha de se distanciar do passado – por mais especial que tivesse sido – para garantir o futuro não apenas do treinamento, mas da própria Disneylândia.

Embora Van não tivesse uma equipe de treinadores atuando em tempo integral quando a Disney University começou a operar, isso não o impediu de criar e apresentar um programa de orientação de classe mundial para os novos funcionários da Disneylândia. Ele começou recrutando ativamente funcionários para a Disney University, procurando, como ele descreve, "uma equipe singular de jovens que estivesse realmente cuidando das atrações e que compartilhasse o sonho de Walt".[4]

Jim, aquele jovem supervisor da Matterhorn, foi um dos quatro companheiros que, ao lado de Van, criaram a Disney University em 1963. Esses jovens operadores trouxeram para a universidade uma vasta experiência prática e conquistaram credibilidade perante os membros do elenco.

Jim diz:

– Além da minha função na área de operações, eu conduzia em torno de 16 horas semanais de programas de orientação para novos contratados na universidade. Eu percebia que, para melhorar como treinador, eu precisava aprender mais sobre as funções que meus treinandos desempenhariam quando deixassem a universidade.[5]

Circular pelo parque reforçava na mente de Van os elementos necessários para assegurar a "consistência" na Disney University:

– A equipe de treinamento precisa ter credibilidade.

– Treinadores com experiência na linha de frente era um requisito obrigatório.

– O conteúdo do programa tinha de refletir a realidade do ambiente de trabalho e transmitir os valores, os padrões e as expectativas da empresa.

Van sabia que a experiência prática dessa nova equipe de treinadores, fosse ela proveniente da atuação nas atrações ou nas áreas de alimentos e bebidas, manutenção, merchandising ou segurança, serviria como uma ponte vital de credibilidade para muitos membros do elenco que haviam se tornado descrentes. A experiência deles, combinada a um currículo de treinamento digno de crédito, faria a diferença.

Por mais experientes que fossem na área de operações, esses novos membros da equipe da Disney University de Van não estavam preparados para enfrentar uma sala de aula. Jim acrescenta:

– Todos nós trabalhávamos em outras áreas do parque e, por isso, conhecíamos o lado operacional da empresa, mas não éramos treinadores profissionais. Por isso, Van desenvolveu um programa chamado Laboratório de Habilidades de Comunicação, em que nós todos éramos ensinados a fazer apresentações divertidas e informativas.[6]

A capacidade de Van de treinar as pessoas, associada a sua estratégia de recrutar para a Disney University, como ele dizia, "jovens que tivessem entusiasmo e experiência em operações"[7], provou ser uma combinação eficaz.

Além da orientação

Dave Smith, diretor-arquivista emérito da Walt Disney Archives, diz:

– Van dizia que a universidade deveria ser uma força pioneira, a primeira e mais importante instituição corporativa do mundo dedicada ao treinamento nas artes, nas habilidades e nos conhecimentos exigidos no setor de atividades de entretenimento ao ar livre.

De acordo com Van "um objetivo básico de nossa universidade era fazer do trabalho na Disneylândia uma nova profissão, um ramo respeitado da indústria do entretenimento".[8] Com essa ideia em mente, Van propôs que a Disney University transformasse funcionários em "especialistas em Disneylândia", com ênfase em quatro áreas[9]:

Líderes: "Precisamos desenvolver líderes que tenham conhecimento geral da complexa combinação de habilidades e profissões que fizeram do espetáculo da Disneylândia a maior atração de entretenimento do mundo."

Pessoas especializadas: "Precisamos de homens e mulheres profissionalmente qualificados para lidar com as pessoas e suas muitas exigências."

Especialistas na função: "Precisamos desenvolver aqueles qualificados nas diversas fases técnicas específicas da operação, os quais devem ter também conhecimento geral da operação como um todo."

História e tradições: "E, mais importante, precisamos muito de treinamento sobre a organização Disneylândia, bem como sobre a história e as tradições de Walt e sua empresa."

Disney University: Onde todos são especializados em "pessoas"

O sucesso da Disney University se deve a uma série de fatores, principalmente às Quatro Circunstâncias de Van, apresentadas inicialmente na Lição 1 e repetidas a cada Revisão da lição. Entretanto, existe outro fator cujo papel é crucial para o sucesso da instituição e que outras instituições de treinamento deveriam imitar: seu objetivo é absolutamente claro. Uma declaração contida na edição de 1969 do catálogo da universidade que descreve as ofertas de cursos sintetiza a questão da seguinte maneira:

> *Quer você seja um novo anfitrião ou anfitriã, quer esteja começando em seu primeiro emprego ou seja um experiente veterano, a Universidade da Disneylândia foi criada para prestar assistência a você. É uma instituição educacional em que todos são especializados em "pessoas". Nossa capacidade de dispensar às pessoas um tratamento pessoal e cortês constitui a base de nosso sucesso.*[10]

Disney University: Tradição e inovação

A morte de Walt Disney em 1966 impôs a Van e sua equipe um desafio assustador: preencher o vazio deixado por Walt. Determinado a manter os padrões estabelecidos por Walt, Roy Disney pediu a Van que preparasse uma nova geração de materiais de orientação.

Com a assistência da equipe da Disney University e de várias outras pessoas, Van acabou criando um livreto chamado The Walt Disney traditions at Disneyland

(As tradições de Walt Disney na Disneylândia).[11] Van sabia que, com a morte de Walt, "era mais importante do que nunca que a Universidade criasse programas que dessem continuidade às tradições, filosofias e sonhos que Walt deixara para a empresa".[12]

O livreto Traditions serviu de base para o venerável programa de orientação de mesmo nome da Disney University cujas variações até hoje são apresentadas em toda Disney University mundo afora.

No decorrer dos anos, a Disney University continuou a se desenvolver em resposta a um ambiente em constante mutação. Do falecimento de Walt Disney até a greve de funcionários e as mudanças de liderança corporativa ocorridas em meados da década de 1980 e em ocasiões posteriores, a liderança e a equipe de funcionários da Disney University acataram resolutamente a advertência de Van para a necessidade de mudar, sob pena de perecer.

A visão de Van sobre garantir que a universidade "tivesse consistência em sua organização" criou o modelo para o equilíbrio entre tradição e inovação. A história do fim da década de 1970 é emblemática. Energizado depois de dar uma série de voltas pelo parque e fazer contato com membros do elenco, Van entra em ação:

Van entra na sala do gerente da Disney University, senta-se à sua frente e começa a atacar o antigo programa de orientação de novos contratados, o Traditions. Apesar da história e das emoções ligadas ao programa, Van é partidário de uma revisão.

– Precisamos incrementar o programa Traditions! Trazemos essa garotada para a universidade para participar de um dia inteiro de orientação e começamos imediatamente a lhes falar da história, das tradições e dos valores da Disney e por que este é um excelente local de trabalho. Isso é tudo muito bom, mas, a essa hora da manhã, você sabe o que esses jovens estão realmente interessados em aprender? Eles querem saber onde vão trabalhar, quais serão seus horários de trabalho, como serão seus trajes e quanto eles vão ganhar! Depois que souberem aquilo que é mais importante para eles, esses jovens se tornarão mais receptivos àquilo que é importante para nós. Precisamos inverter a ordem dos acontecimentos e deixar que esses meninos tomem ciência de algumas dessas coisas básicas que os preocupam.[13]

Darrell Metzger, o gerente da área receptora do discurso entusiasmado e objetivo de Van, conta:

– Trabalhei com Van no fim da década de 1970, na época em que eu gerenciava a Disney University na Disneylândia. Van e eu tivemos uma reunião, e ele me surpreendeu inesperadamente com a ideia de incrementar o programa de orientação de novos contratados, o Traditions.

Embora a orientação do Traditions fosse a pedra angular do programa na universidade havia vários anos, Van queria mudá-lo. Ele argumentava que, se a agenda do programa de orientação fosse alterada e os funcionários recebessem informações específicas sobre suas respectivas funções pela manhã, eles se tornariam mais participativos no decorrer do dia e estariam mais atentos quando lhes fossem apresentados a história, os valores e a filosofia Disney de serviço.

– Foi tão fácil; nós apenas invertemos a ordem – diz Darrell.

Trata-se de uma das principais lições que Darrell e muitos líderes da Disney University aprenderam com Van. Circulando pelo parque, Van mantinha contato com as linhas de frente e não hesitava em tomar providências em relação às informações que ele reunia. Van era um inovador.

– Embora Van tivesse sessenta e poucos anos, eu achava surpreendente sua capacidade de se relacionar e compreender funcionários muitos anos mais jovens do que ele – diz Darrell. – O programa de orientação Traditions era o seu orgulho, mas ele não tinha medo de mudá-lo com o intuito de melhorá-lo e torná-lo relevante.

Van France, o mentor

Jim, aquele jovem supervisor da Matterhorn abordado por Walt Disney com relação aos programas de treinamento de operadores, seguiu a sugestão de Walt (quem não o faria?) e procurou Van para saber mais detalhes sobre a referência de Walt a "algo chamado Universidade da Disneylândia".

Jim Cora, um dos quatro membros-fundadores da Disney University recrutados por Van, trabalhou muitos anos com ele e diz:

– Van era muito criativo. Sua experiência no setor aeronáutico durante a Segunda Guerra Mundial lhe ensinara a agir rapidamente – em razão da urgência da guerra –, e ele compartilhava essas habilidades conosco. Van nos ensinava a contornar os problemas. Ele me ensinou a pensar de forma inovadora: não aceite tudo que ouve.

Jim usou essas habilidades durante seus 43 anos na Disney, dirigindo as expansões internacionais da empresa com a Tokyo Disney Resort e a Disneyland Paris Resort, aposentando-se como presidente do conselho de administração da Disneyland International.

E quanto àquele novo programa que Jim propôs para o treinamento dos operadores da Matterhorn? Foi implementado e depois aprimorado e transformado no que passou a ser um novo padrão de treinamento para a Disneylândia. O treinamento verbal evoluiu para uma abordagem padronizada que utilizava listas de verificação e manuais de operação.

Décadas mais tarde, como preparação para a inauguração da Disneylândia de Tóquio, o primeiro parque temático internacional da Disney, o papel do treinamento padronizado foi reforçado. Como vice-presidente da Walt Disney Productions Japan, Jim determinou que fossem criados manuais para cada divisão e cada disciplina.

– Apresentamos o conceito da Disney University aos funcionários da Disneylândia de Tóquio e o utilizamos como ponto de partida na Disneylândia de Paris. Até que, com o apoio de Dick Nunis, os manuais passaram a ser exigidos para todos os parques e resorts Disney em todo o mundo – diz Jim.[14]

Dick Nunis, o protegido original de Van, foi presidente da Divisão de Recreação ao Ar Livre e membro da diretoria da Disney. Jim Cora, escolhido por Van como membro-fundador da Disney University, foi presidente do Conselho de Administração da Disneyland International. Ambos criaram raízes na Disney University e, como executivos-seniores da empresa, foram incansáveis em sua missão de promover o treinamento.

Revisão da lição

ESTEJA DISPOSTO A MUDAR, SOB PENA DE PERECER
O nascimento da Disney University

Mais do que uma Universidade apenas no nome

– Van avaliava constantemente a relevância dos programas de orientação e treinamento.

– Walt Disney ajudou Van a recrutar "jovens que tivessem entusiasmo e experiência em operações". Eles contribuíam com um componente vital: a credibilidade.

Disney University: Onde todos são especializados em "pessoas"

– A Disney University foi originalmente promovida como um veículo para desenvolver "especialistas em Disneylândia", enfatizando a liderança, as pessoas e as habilidades funcionais.

– As habilidades técnicas e interpessoais são construídas sobre um sólido alicerce: o completo conhecimento da história e das tradições de Walt Disney e sua empresa.

– O objetivo da Disney University é absolutamente claro: todos são especializados em "pessoas".

Tradição e inovação

– A sugestão de Van de inverter a ordem dos acontecimentos no programa de orientação Traditions ilustra por que a Disney University mantém sua relevância há tantas décadas:

  – Conexão com as linhas de frente
  – Disposição para mudar e inovar

– Assim como Walt, Van sempre teve um pé no passado e o outro no futuro.

Aplicação das Quatro Circunstâncias de Van

Inovar – Apoiar – Educar – Entreter

Esteja disposto a mudar, sob pena de perecer

– Você seria capaz de identificar na sua empresa o equivalente às Quatro Circunstâncias de Van que respaldem a premissa da "disposição para mudar, sob pena de perecer" e a busca do equilíbrio entre tradição e inovação? Essas circunstâncias podem ser aplicadas para garantir a credibilidade dos programas de treinamento e desenvolvimento de funcionários?

Sua empresa reconhece futuros líderes, como Walt Disney descobriu Jim, o supervisor da Matterhorn que se tornou um dos membros-fundadores da Disney University?

Mais do que uma "Universidade" apenas no nome

– De que maneira sua empresa mantém sua relevância e credibilidade?

– Como os processos, os programas e as equipes de treinamento poderiam melhorar a "consistência"?

Disney University: Todos são especializados em "pessoas"

– Até que ponto a missão da função de treinamento é clara em sua empresa?

– Até que ponto a história e as tradições de sua empresa são perpetuadas e servem de embasamento? Como elas são mantidas vivas? De que maneira essa condição pode ser melhorada?

Tradição e inovação

– Que tradições devem ser mantidas em sua empresa?

– Que tradições estão impedindo o progresso e a inovação?

– Quem na sua empresa tem a influência necessária para e o desejo de implementar mudanças?

NOTAS

1. FRANCE, Van Arsdale. *Window on main street*, p. 74.
2. Entrevistas com Jim Cora, presidente aposentado do Conselho de Administração, Disneyland International, 08 de março, 09 e 14 de maio e 26 de julho de 2012.
3. FRANCE, Van Arsdale. *Window on main street*, p. 72.
4. FRANCE, Van Arsdale. *Window on main street*, p. 75.
5. Entrevistas com Jim Cora, presidente aposentado do Conselho de Administração, Disneyland International, 08 de março, 09 e 14 de maio e 26 de julho de 2012.

6. Entrevistas com Jim Cora, presidente aposentado do Conselho de Administração, Disneyland International, 08 e 09 de maio, 14 de maio e 26 de julho de 2012.
7. FRANCE, Van Arsdale. *Window on main street*, p. 75.
8. FRANCE, Van Arsdale. *Window on main street*, p. 72.
9. Entrevista com Dave Smith, diretor-arquivista emérito da Walt Disney Archives, 16 de junho de 2012. Documento Informativo: *History of Disney training*, de Dave Smith.
10. Entrevista com Dave Smith, diretor-arquivista emérito da Walt Disney Archives, 16 de junho de 2012.
11. Entrevista com Dave Smith, diretor-arquivista emérito da Walt Disney Archives, 16 de junho de 2012.
12. FRANCE, Van Arsdale. *Window on main street*, p. 84.
13. Entrevista com Darrell Metzger, diretor aposentado de RH, Disneylândia de Tóquio, 09 de maio de 2012.
14. Entrevistas com Jim Cora, presidente aposentado do conselho de Administração, Disneyland International, 08 de março, 09 e 14 de maio e 26 de julho de 2012.

Lição 6

SIMPLIFIQUE O COMPLEXO

Dick Nunis criou um programa que, ao mesmo tempo, era também um conceito totalmente novo de operações. Os quatro elementos das operações do parque temático estavam relacionados por ordem de importância.[1]

– Van France

O telefonema de Michael Eisner veio inesperadamente:

– Frank e eu não estamos satisfeitos com o que temos visto nos últimos dias na Loja Disney. Observamos que a experiência proporcionada pelo serviço de atendimento ao convidado não está nos níveis que se espera da Disney. O elenco não tem se mostrado tão simpático ou engajado quanto deveria, de modo que, tirando a linha de produtos, não há nada que diferencie a Loja Disney de todas as outras lojas do shopping Galleria. Gostaríamos que a equipe da Disney University criasse um programa para corrigir esse problema e colocar o serviço de atendimento ao convidado à altura dos padrões Disney.

Michael Eisner, CEO da Walt Disney Company, e Frank Wells, diretor de Operações, não estavam satisfeitos. A Loja Disney, a primeira incursão da empresa em um ambiente varejista independente, tinha uma falha grave. A primeira Loja Disney, situada no shopping Galleria, na Califórnia, ficava a apenas oito quilômetros da sede da Walt Disney Company. Aproveitando a proximidade, Michael e Frank visitaram a loja várias vezes por ocasião da grande abertura e nos dias de movimento que se seguiram.

Para alguns, a empolgação da grande abertura pode ter ofuscado os problemas, mas Michael e Frank os perceberam. A principal Loja Disney, construída em 1987, já estava precisando ser atualizada: o serviço de atendimento ao convidado não chegava nem perto dos padrões de excelência Disney.

A Loja Disney, não a Disney University, havia criado seu próprio programa de treinamento para capacitar os membros de seu elenco, mas não estava dando certo. Procurando uma solução, Michael Eisner recorreu à Disney University.[2]

Bob De Nayer, que iniciara seus 34 anos de carreira na Disney como membro horista do elenco na área de merchandising na Rua Principal da Disneylândia e chegara a diretor de relações humanas na sede dos Estúdios Disney, diz:

– Michael Eisner fez contato com meu gerente com a orientação de que se elevassem os padrões da experiência do convidado na Loja Disney.

Dizer que a equipe de treinamento da Disney University estava operando em caráter emergencial era muito pouco. A ligação de Michael veio na tarde de uma sexta-feira. Na segunda-feira seguinte, estava finalizado um programa de orientação completamente revisado.[3]

Serviço de atendimento ao convidado Disney: simplifique o complexo com SCSE

Imediatamente após a ligação de Michael, a equipe de treinamento da Disney University embarcou em uma frenética série de atividades no intuito de criar um programa de orientação novo em folha. Apesar da enorme pressão sentida por todos, ninguém entrou em pânico. Confiando em seus anos de experiência em parques temáticos, cada um conhecia o caminho para o sucesso da Loja Disney e dos membros de seu elenco: o projeto do novo programa de orientação, – A experiência de compra Disney – precisava simplificar o complexo. Os membros do elenco precisavam de padrões operacionais básicos, sustentáveis e duradouras.

Confiante de que o serviço de atendimento ao convidado da Disneylândia e a estratégia operacional do parque promovidos por Van France e Dick Nunis funcionariam igualmente bem na Loja Disney, a equipe de treinamento seguiu sua antiga receita combinada aos fundamentos enaltecidos por Walt Disney. Em um manual para os anfitriões e anfitriãs da Disneylândia, Walt escreve:

> *O que vocês fazem aqui e o modo como agem é muito importante para toda a nossa empresa. Somos mundialmente conhecidos por nossas atividades de entretenimento para toda a família. Aqui na Disneylândia, pela primeira vez, oferecemos ao nosso público mundial um atendimento individualizado. Cada ação de vocês (e minha também) é um reflexo direto de toda a nossa empresa. Portanto, é de vital importância que tenhamos pleno conhecimento de nossas responsabilidades, particularmente nossa responsabilidade pelo relacionamento com o convidado e por sua segurança.*[4]

Um parque temático é como uma gigantesca fábrica. Com literalmente milhões de peças móveis e equipamentos pesados, é um ambiente complexo e potencialmente perigoso. Além do maquinário, existe o elenco; milhares de funcionários, tanto no palco quanto nos bastidores, cuidando do espetáculo. Nesse ambiente de máquinas e funcionários (a "fábrica"), entra o convidado. Os convidados se apresentam em todas as formas, tamanhos e idades. Alguns aproveitam o tempo para passear pelo parque, ao passo que outros parecem nunca moderar o ritmo. Embora de idades, etnias e experiências diversas, a maioria dos convidados tem uma coisa em comum: eles estão em ritmo de férias. Encantados com o ambiente, os trajes e as atrações, muitos convidados não têm a menor ideia de que adentraram um ambiente extremamente complexo e potencialmente perigoso.

Proporcionar "O lugar mais alegre da Terra" significa que os membros do elenco devem ser capazes de administrar um delicado equilíbrio entre as necessidades pontuais. Sem clareza, as tarefas se tornam sufocantes. Van France e Dick Nunis reconheciam o desafio. Em resposta, eles simplificaram esse ambiente inerentemente complexo apresentando a ordem de prioridade das ações a cada membro do elenco durante sua orientação na Disney University.

A receita de Dick e Van para a criação de um ambiente mágico na Disneylândia implicava reduzir as operações do parque a quatro importâncias que representam os valores norteadores de toda decisão:

1. **Segurança.** Essa é a diretriz mais importante tanto para os convidados quanto para os membros do elenco. Os membros do elenco geralmente precisam proteger os convidados de si mesmos. Os convidados, em ritmo de férias, podem se deixar distrair pelas cores, pelos sons e pelo movimento. Eles não estão necessariamente atentos à sua segurança, como o convidado que atravessa a Rua Principal talvez completamente alheio ao imenso cavalo de tração percheron que surge logo atrás dele puxando a carruagem; ou os convidados que, distraídos pela bela arquitetura, podem se chocar com os postes de luz ou com os muros. Toda decisão envolvendo operações e projetos deve ter em vista primeiro a segurança.

2. **Cortesia.** A segunda diretriz mais importante depois da segurança é a cortesia. Os membros do elenco sabem o valor do sorriso em seu rosto e em sua voz e a importância de cativar os convidados. Orientar um convidado com a mão aberta e um sorriso é muito mais eficaz do que apontar o dedo com uma fisionomia carrancuda. A falta de cortesia do membro do elenco é capaz de contaminar até mesmo o mais seguro e interessante dos ambientes.

3. Show. Depois que a segurança e a cortesia estiverem garantidas, as atenções se voltam para o show. Brinquedos bem conservados e instalações repletas de membros do elenco bem apresentáveis garantem um bom espetáculo, uma condição que Walt Disney promovia com toda a paixão. A antítese é o tabu Disney: um mau espetáculo.

4. Capacidade/eficiência. Essa última diretriz se refere ao número de convidados que frequentam as atrações, os restaurantes e as lojas. É a parte dos "números concretos" de uma atividade comercial. Deixando os números por último, o modelo SCSE (Segurança, Cortesia, Show e Eficiência) faz uma afirmação clara, um tanto paradoxal: o cumprimento das três primeiras diretrizes garante a sustentabilidade dessa quarta diretriz sob a forma de membros do elenco e convidados satisfeitos e fiéis.[5]

Cada diretriz nesse modelo SCSE é indispensável, e sua posição é inegociável. Embora ocupando o degrau mais baixo na escala de diretrizes, a eficiência está longe de ser ignorada. Aliás, a Disney Parks and Resorts faz vultosos investimentos no intuito de garantir que o maior número possível de convidados possa desfrutar suas instalações.

Entretanto, a clareza do modelo SCSE garante que a segurança, a cortesia e o show não sejam sacrificados em favor de um maior nível de eficiência (mais convidados e mais lucro). As iniciativas que visam à eficiência devem passar pelo filtro das três maiores diretrizes.

A experiência de compra Disney

Utilizando as diretrizes SCSE como orientação, os treinadores da Disney University começaram a trabalhar nos módulos de treinamento para o programa de orientação atualizado da Loja Disney.

Primeiro, eles criaram uma estratégia para avaliar a qualidade do atendimento ao cliente na Loja Disney. Como parte da avaliação das necessidades, funcionários da Disney University disfarçados de clientes ("compradores secretos") visitavam a loja, prestando particular atenção à interação dos membros do elenco com os clientes. Depois eles comparavam a experiência vivenciada na Loja Disney com os níveis de serviço que eles haviam recebido como compradores secretos em outras lojas no mesmo shopping.

Munida das informações sobre as condições da Loja Disney e de seus concorrentes no shopping, a equipe da Disney University desenvolveu "A experiência de compra Disney", repleta de clareza e simplicidade inspiradas pelo modelo SCSE.[6]

– Nosso objetivo era incutir um nível totalmente novo de entusiasmo e serviço de qualidade nos funcionários das Lojas Disney – diz Bob. – Eu ficava pensando nas lições que havia aprendido tantos anos antes com Van France. Van sempre enfatizava a importância de manter a mensagem informativa, porém suficientemente básica para ser lembrada, e, acima de tudo, divertida.

Reforçando esse pensamento, Bob acrescenta:

– Van nos ensinou que quanto mais complicada a mensagem, mais difícil era colocá-la em prática e mantê-la. Por isso, resolvemos criar um programa que causasse impacto e, sobretudo, ajudasse a diferenciar as Lojas Disney das outras.

Dias depois da ligação de Michael Eisner, os membros do elenco da Loja Disney se encontravam participando de um programa de treinamento completamente atualizado "ao estilo Van France". Isso significava fechar a loja por um dia. Utilizando a Loja Disney como sala de aula, a equipe da Disney University não perdeu tempo procurando atrair plena atenção e participação dos membros do elenco. Eles começaram o dia mandando todos os membros do elenco para o shopping como compradores secretos para avaliar o serviço de atendimento dos concorrentes.

Bob explica:

– Demos a cada membro do elenco uma lista de verificação contendo os itens que eles deveriam procurar e as perguntas a ser feitas nas outras lojas durante sua experiência de compradores secretos:

– Eles e outros clientes eram cumprimentados ao entrar na loja?

– A loja estava limpa?

– Todos os funcionários estavam trajando roupas limpas? Havia "uniforme"? Em caso afirmativo, todos os funcionários estavam uniformizados?

– Os funcionários interagiam com eles e com os outros clientes ou se limitavam a conversar apenas entre si?

– Os funcionários estavam visíveis e disponíveis para responder às perguntas dos clientes ou se mostravam ocupados demais (dobrando roupas, repondo estoque nas prateleiras)?

– Os funcionários conseguiam responder a perguntas sobre tamanhos de produtos, horário de funcionamento da loja e política de reembolso?

– Os funcionários conduziam os clientes até o local em que a mercadoria se encontrava ou simplesmente apontavam o local?

– Caso os funcionários não soubessem responder à pergunta de um cliente, eles procuravam descobrir a resposta com um colega?

Para a maioria dos membros do elenco, a resposta para cada uma dessas perguntas da lista de verificação foi um sonoro "não".[7]

Essa miniviagem de campo abriu os olhos dos membros do elenco para os muitos "momentos de flagra" que ajudariam a melhorar o serviço de atendimento ao convidado na Loja Disney. Reportando suas constatações, os membros do elenco da Loja Disney compartilharam uma série de primeiras impressões negativas coletadas durante sua experiência de compradores secretos:

– O funcionário estava em uma ligação particular – disse um. – Eu me senti como se eu estivesse interrompendo.

– Havia apenas dois funcionários na loja, que estavam batendo papo um com o outro e me ignoraram completamente – disse outro.

– No nosso caso, a pessoa que estava nos atendendo no caixa em nenhum momento olhou para nós ou deu um sorriso. Ela agia como um robô – disseram outros dois. – Fomos tratados como uma inconveniência.

Houve um, ainda, que acrescentou:

– Era como se eu fosse invisível; ninguém considerou minha presença. – E, enfatizando sua frustração, prosseguiu: – Eles têm algumas coisas legais lá, mas àquela loja eu não volto mais.

Mais evidente ainda foi o choque geral dos membros do elenco diante da indiferença dos funcionários em relação aos clientes e da curiosa falta de conhecimento do produto. Os concorrentes da Loja Disney no shopping não estavam oferecendo regularmente um bom, muito menos um notável, serviço de atendimento ao cliente.

Aproveitando essa oportunidade de aprendizado, então, a equipe de treinamento da Disney University divulgou informações vitais aos membros do elenco: a recente experiência deles como compradores secretos na Loja Disney havia sido lamentavelmente semelhante. Como "clientes" da Loja Disney, eles a acharam igualmente destituída de serviço; medíocre, na melhor das hipóteses:

– Os membros do elenco no papel de anfitriões não puxavam conversa com os convidados.

– Em alguns casos, os convidados nunca recebiam atenção.

– O contato visual, o sorriso e o tom de voz amável deixavam de existir quando a loja estava cheia.

– Os membros do elenco, interessados em processar as vendas, estavam mais focados na operação do caixa do que nas interações com os convidados.

A equipe da Disney University não estava sozinha em sua nada simpática tarefa de avaliar a experiência da Loja Disney no shopping. Michael Eisner e Frank Wells eram da mesma opinião. Esse honesto feedback da equipe de treinamento, combinado às observações da viagem de campo dos membros do elenco, proporcionou-lhes uma visão singular das condições do serviço de atendimento ao convidado na Loja Disney.

Bom espetáculo, mau espetáculo: a sala de aula viva

Durante toda a "Experiência de compra Disney", a equipe de treinamento da Disney University aproveitou várias oportunidades para reforçar as diretrizes do serviço. Assim como Sophie vivenciou em sua orientação na Disney University, a ligação entre uma incessante atenção aos detalhes e um serviço excepcional de atendimento ao convidado era constantemente reforçada.

Com a intenção de seguir o modelo simplificado de Van e Dick, a equipe de treinamento apresentou ao elenco o modelo de operações SCSE e o conceito de bom e mau espetáculo.

Por exemplo, durante um dos intervalos, a equipe reconfigurou propositadamente o ambiente da Loja Disney, criando um mau espetáculo. Eles jogaram guardanapos usados no chão, tiraram as cadeiras do lugar, não repuseram o café e chegaram até a entortar alguns dos quadros pendurados nas paredes. As caixas e os produtos tirados das prateleiras do almoxarifado e espalhados aleatoriamente pela área dos bastidores completavam o cenário.

Enfim, a equipe de treinamento recriou o mesmo ambiente desleixado que os membros do elenco haviam observado em outras lojas durante o exercício de compras secretas. Quando todos retornaram à Loja Disney após o intervalo, a equipe de treinamento incentivou os treinandos a avaliar as condições do ambiente. De acordo com Bob:

– Levou um tempo, mas, depois que ressaltamos alguns aspectos do mau espetáculo, os treinandos realmente entenderam o que estávamos fazendo e logo apontaram o que precisava ser renovado, limpo ou simplesmente arrumado na loja.

Por outro lado, após um intervalo posterior, a equipe de treinamento se esmerou para reforçar o estilo Disney de apresentação de um bom espetáculo, muito parecido com aquele apresentado a Sophie durante sua sessão de orientação na Disneylândia. Bob explica:

– Durante outro intervalo, arrumamos as coisas: alinhamos os blocos de anotações e as canetas sobre as mesas, reabastecemos as jarras com água e gelo, arrumamos as cadeiras em fileiras novamente e chegamos até a organizar os sachês de açúcar e adoçante em fileiras na cafeteira. Pode parecer um pouco de exagero, mas nós queríamos reforçar a eterna mensagem de Walt e Van de "manter o lugar limpo, arrumado e apresentável".[8]

Durante essas discussões de avaliação, os treinadores reforçavam constantemente as diretrizes SCSE. Durante a discussão sobre o mau espetáculo, Bob perguntou aos membros do elenco:

– O que fizemos para afetar negativamente a segurança, a cortesia, o show e a eficiência?

Referindo-se à segurança, vários gritaram:

– As pessoas corriam o risco de tropeçar nas caixas espalhadas pelo chão no almoxarifado!

Outro completou:

– Embora seja uma área de bastidores, fica feio; isso também não é um mau espetáculo?

Com relação à cortesia, um disse:

– Quando eu lhe perguntei qual seria a duração deste programa de treinamento, você continuou olhando para a lista de presença em seu computador enquanto me respondia, sem olhar para mim em nenhum momento.

Os exemplos de um mau espetáculo são muitos.

– Os bonecos dos personagens não estão arrumados nas vitrines; alguns, inclusive, estão no chão – disse um membro do elenco.

– A lata de lixo atrás do balcão estava transbordando de papel e à vista dos convidados – acrescentou outro.

Dirigindo seu comentário à equipe de treinamento, um dos membros do elenco apresentou sua avaliação em relação à eficiência:

– Acho que agora finalmente entendo a importância da eficiência. Na avaliação que vocês fizeram da Loja Disney como compradores secretos, você disse que alguns de nós estávamos "ocupados demais" cuidando das vendas no caixa.

Parecendo um pouco confuso, ele prosseguiu:

– Pensava que estivesse fazendo um bom trabalho ao dar vazão às longas filas da loja processando rapidamente cada venda. Mas minha eficiência fugiu-me do controle. Eu estava mais preocupado em passar os cartões de crédito dos clientes na maquininha e fazer trocas do que em puxar uma simpática conversa com os convidados. Você disse também que eu estava com uma fisionomia fechada.

Participando da discussão sobre a eficiência, outro treinando acrescentou:

– Eu tentei ajudar a despachar a fila do balcão empacotando as compras dos clientes.

E com uma expressão introspectiva, ele completou:

– Eu vi um casal de idosos; eles aguardavam pacientemente para fazer uma pergunta. Eu estava tão envolvido com as embalagens que, quando levantei os olhos e olhei novamente, eles já estavam saindo da loja.

Os membros do elenco começaram a perceber a relação: segurança, cortesia e show não poderiam ser sacrificados em favor da eficiência. Os treinandos da Loja Disney começavam a entender o modelo de excelência operacional SCSE de Van e Dick, um sucesso comprovado nos parques temáticos e resorts Disney.

A natureza interconectada do modelo de diretrizes SCSE parecia ter começado a fazer sentido para os treinandos quando um deles compartilhou uma história positiva. Durante sua experiência como comprador secreto em uma das outras lojas do shopping, o modelo SCSE ganhou vida.

– Gostei muito da minha experiência na cafeteria hoje – ele disse. – Quando entrei na loja, vi um funcionário limpando o chão onde havia derramado café. Isso é um exemplo de cuidado com a segurança e o espetáculo em uma única ação.

Prosseguindo, ela disse:

– Ao me aproximar do balcão, que estava muito cheio, um dos funcionários imediatamente levantou os olhos, fez contato visual comigo, sorriu e me disse: "Já atendo você". Isso foi uma perfeita demonstração de cortesia.

E concluindo a história, ela disse:

– O cardápio era fácil de ler e entender, o que me ajudou a escolher rapidamente o que eu queria e não entravar a fila, melhorando a eficiência. Combinados, cada um dos componentes criou um ambiente propício a um bom espetáculo.

Quando os demais treinandos acenaram com a cabeça concordando, a mensagem ficou clara: o modelo de diretrizes SCSE, tão eficaz nos parques temáticos e resorts Disney, tinha um lugar no ambiente varejista.

Os personagens Disney salvadores da pátria

Durante seu exercício de avaliação da Loja Disney como compradores secretos, os membros da equipe da Disney University observaram que faltava uma interação de qualidade entre os membros do elenco e os convidados. O que não faltou foram cumprimentos superficiais:

"Olá, como vai?"

"Posso ajudá-lo(a)?"

"Se precisar de ajuda, é só me chamar."

Esse definitivamente não é o Estilo Disney.

Esses cumprimentos criavam uma primeira impressão que nada tinha de única. Os membros do elenco da Loja Disney usavam os mesmos cumprimentos cansativos que os convidados certamente já tinham ouvido durante todo o dia em todas as outras lojas do shopping.

Uma primeira impressão eficaz, única e memorável como aquela proporcionada pelos membros do elenco nos parques temáticos da Disney tinha de ser criada durante A experiência de compra Disney. Qual a diferença entre o ambiente dos parques temáticos da Disney e o da Loja Disney? Como os membros do elenco da Disneylândia conseguiam criar uma ponte para superar esses primeiros segundos potencialmente constrangedores de interação com os convidados?

Uma das respostas estava nas vestimentas. As vestimentas têm magníficas qualidades redutoras das inibições. Muitos membros do elenco dos parques temáticos desfrutam os benefícios de usar trajes elaborados, permitindo uma conexão instantânea com os convidados. Afinal, que membro do elenco não se torna um pouco mais extrovertido trajando uma fantasia dos Piratas do Caribe? Já os membros do elenco da Loja Disney, embora em um ambiente de fantasia repleto de personagens da Disney, estavam vestidos e agiam de forma convencional. Eles precisavam de uma ponte.

A solução para as Lojas Disney veio justamente por meio dos bonecos dos personagens que estão espalhados por todos os lados nas lojas. Esses bonecos, lindamente expostos nas lojas, assumiam poderes mágicos nas mãos dos membros do elenco.

Bob explica os poderes transformadores dos bonecos:

– Com o boneco de um personagem Disney nas mãos, os membros do elenco tinham licença para interagir com aqueles convidados que passavam ou já se encontravam no interior da Loja Disney.

O simples fato de exibir os brinquedos de pelúcia atraía os convidados e contribuía para que os membros do elenco interagissem mais livremente. Os brinquedos, assim como as fantasias nos parques temáticos, alcançavam o mesmo objetivo: reduzindo as inibições dos membros do elenco, eles ajudavam a proporcionar aos convidados uma primeira impressão eficaz, única e memorável. Um membro do elenco exibindo um boneco do Pato Donald tem poder instantâneo de relações públicas com os convidados.

Somada ao desafio da função varejista está a expectativa dos convidados em torno de qualquer experiência Disney. A equipe da Disney University se certificava de que os membros do elenco das Lojas Disney entendiam o valor de criar uma primeira impressão memorável. Além disso, os membros do elenco tinham de estar preparados para responder a perguntas que aparentemente não tinham nenhuma relação com a Loja Disney:

– Qual o horário de funcionamento dos parques e resorts Disney?

– Qual o nome do próximo filme de desenho animado da Disney?

– Quanto custam os ingressos para os parques temáticos?

– Onde ficam os banheiros no shopping?

– A que horas o shopping fecha?

– Vocês têm uma lista das outras lojas do shopping?

Da panela de sopa ao cubo de caldo de carne

A imagem da compactação das numerosas e complexas operações da Disneylândia – a panela de sopa – no cubo de caldo de carne, menor e mais manuseável, por meio do modelo de diretrizes SCSE é poderosa.

A simplificação do complexo e o esclarecimento das diretrizes, as lições básicas que Van compartilhou com legiões de futuros executivos da Disneylândia, continuam entre as mais importantes. Muitos que trabalharam com Van não se furtam a oferecer testemunhos que respaldam essas lições:

"Van tinha uma incrível capacidade de articular o complexo."[9]

"O segredo de Van estava em manter a simplicidade das coisas. O estilo de serviço Disney não é complicado, e Van e Dick enfatizavam essa ideia. Ambos eram diretos e objetivos em sua mensagem: faça certo, nada floreado nem sofisticado demais".[10, 11, 12]

"Van tornava as coisas tão simples. O conceito de segurança, cortesia, show e eficiência, por exemplo; isso é fácil de lembrar. Na verdade, toda essa simplicidade ainda faz prevalecer minha admiração."[13]

Criando simplicidade a partir da complexidade, a equipe da Disney University conseguiu transferir o princípio operacional SCSE dos parques temáticos para um ambiente varejista. Seguindo as eternas Quatro Circunstâncias de Van, "A experiência de compra Disney" ajudou a perpetuar o sonho de Walt e Van. A Loja Disney é um ambiente único, um ambiente simpático, um ambiente *Disney*.

Revisão da lição

SIMPLIFIQUE O COMPLEXO

Bom espetáculo, mau espetáculo: A sala de aula viva

– A experiência de compra Disney permaneceu fiel a um dos projetos de programa fundamentais de Van; a combinação entre uma mensagem sucinta e a interação com os treinandos garantiu uma experiência memorável e útil.

– Participando das avaliações dos concorrentes como compradores secretos, os membros do elenco da Loja Disney deixaram de ser treinandos passivos para se tornar agentes de mudança ativos.

– A equipe da Disney University transformou a Loja Disney (sua sala de treinamento) em um exemplo vivo de bom espetáculo e mau espetáculo criando propositadamente um ambiente desleixado.

Os personagens Disney salvadores da pátria

– Os membros do elenco, em seu papel de anfitriões, precisavam de ajuda. Suas frases e estratégias "rançosas" e "batidas" sabotavam os esforços de criação de uma primeira impressão memorável.

– Os bonecos dos personagens Disney vendidos na loja serviam a um duplo propósito com sua função de quebrar o gelo com os convidados. Um membro do elenco exibindo um boneco do Mickey Mouse tem poder instantâneo de relações públicas com os convidados.

Diretrizes claras são uma prioridade

– A segurança, a cortesia, o show e a eficiência (SCSE) norteiam toda decisão nos parques temáticos e resorts Disney.

– A brevidade e a simplicidade do modelo SCSE garantem a retenção e a adesão; todos os membros do elenco Disney conhecem essas diretrizes.
Aplicação das Quatro Circunstâncias de Van

Inovar – Apoiar – Educar – Entreter

A simplificação do complexo
– De que maneira as operações e os processos complexos são transmitidos em sua empresa? As diretrizes são sucintas e fáceis de ser lembradas? Como as Quatro Circunstâncias de Van são usadas para transmitir procedimentos e diretrizes complexos e vitais?

Tudo está no básico
– Como você ajuda os funcionários a entender os procedimentos e as diretrizes operacionais padrão?
– Os funcionários participam ativamente como agentes de mudança ou esperam receber as coordenadas?
– As políticas são seguidas? Por exemplo, os uniformes e o equipamento de segurança são usados regularmente? Em caso negativo, por que não?

Os grandes treinadores transferem conhecimento
– De que maneira sua equipe de treinamento transfere os benefícios da experiência de uma divisão para outra?
– Qual a sua tática equivalente ao uso de um boneco de pelúcia do Mickey Mouse para incentivar a interação com os clientes ou pacientes?

Da panela de sopa ao cubo de caldo de carne
– Qual o seu equivalente ao modelo SCSE?
– Seu manual do funcionário tem como ser simplificado? Abreviado?
– Quais são suas diretrizes? Você seria capaz de resumir seus procedimentos e diretrizes operacionais padrão, independentemente de seu nível de complexidade, com frases ou siglas fáceis de ser lembradas?

NOTAS

1. FRANCE, Van Arsdale. *Window on main street*, p. 72.
2. Entrevistas com Carol Davis-Fernald, vice-presidente aposentada de Recursos Humanos e Iniciativas de Funcionários, The Walt Disney Company, 16 de junho, 24 de junho e 15 de setembro de 2012.
3. Entrevistas com Bob De Nayer, diretor de Relações Humanas aposentado, Walt Disney Company, 12 de junho, 24 de junho, 14 de agosto e 16 de setembro de 2012.
4. Entrevista com Dave Smith, diretor-arquivista emérito da Walt Disney Archives, 16 de junho de 2012. Documento informativo: *History of Disney training*, de Dave Smith.
5. Memorando de Van France: *Reflections on safety, courtesy, show, capacity*, 17 de dezembro de 1980.
6. Entrevistas com Bob De Nayer, diretor de Relações Humanas aposentado, Walt Disney Company, 12 de junho, 24 de junho, 14 de agosto e 16 de setembro de 2012.
7. Entrevistas com Bob De Nayer, diretor de Relações Humanas aposentado, Walt Disney Company, e Carol Davis-Fernald, vice-presidente aposentada de Recursos Humanos e Iniciativas de Funcionários, The Walt Disney Company, 12 de junho, 24 de junho, 14 de agosto e 16 de setembro de 2012.
8. Entrevistas com Bob De Nayer, diretor de Relações Humanas aposentado, Walt Disney Company, e Carol Davis-Fernald, vice-presidente aposentada de Recursos humanos e iniciativas de funcionários, The Wal Disney Company, 12 de junho, 24 de junho, 14 de agosto e 16 de setembro de 2012.
9. Entrevistas com Tom Eastman, diretor-corporativo aposentado, Disney University, 29 de maio e 28 de julho de 2012.
10. Entrevistas com Thor Degelmann, vice-presidente aposentado de Administração e RH, Disneyland Paris Resort, 07 de maio e 14 de junho de 2012.
11. Entrevistas com Bill Ross, vice-presidente-sênior de Relações Públicas, Walt Disney Parks and Resorts, 10 de maio, 17 de setembro e 13 de outubro de 2012.
12. Entrevista com Steve Lewelling, vice-presidente aposentado, Walt Disney International, 01 de novembro de 2012.
13. Entrevista com Craig Smith, diretor de Operações aposentado, Disneyland Resort, 12 de junho de 2012.

Lição 7

A LUA DE MEL CHEGARÁ AO FIM

O castelo da Cinderela e a mudança de cultura

Como qualquer pessoa casada sabe, existe uma diferença entre o luar e as rosas dos galanteios e as contas e responsabilidades do casamento.[1]

– Van France

A equipe da Disney University olhou em volta e percebeu que aquela sala era o cenário perfeito para as futuras reuniões com os líderes de divisão. A sala não tinha janelas nem era pintada. Aliás, era apenas um espaço vazio que ficara por ser construído, não mais glamouroso do que um sótão inacabado. Os participantes das reuniões subiriam até esse local, muito acima do Magic Kingdom, por um pequeno elevador de construção ou por uma escada de construção íngreme e estreita. A dificuldade de acesso à sala aumentava o simbolismo do espaço.

Esse seria um cenário ideal para a séria mensagem que logo seria compartilhada: o moral dos funcionários estava fora de controle. A equipe da Disney University e os líderes de divisão precisavam desenvolver um plano para controlar a iminente crise.

O barômetro do moral dos funcionários, a taxa de rotatividade, oscilava em torno de 83%; os funcionários estavam deixando a empresa em números tão alarmantes que as equipes de recrutamento e treinamento mal conseguiam preencher as lacunas. Eles já haviam ultrapassado significativamente a média do setor de serviços, que era de 55%. Além disso, aqueles que continuavam na empresa não estavam nada satisfeitos. De acordo com as fontes mais próximas do problema, "Nossa casa estava pegando fogo, e nós precisávamos tomar uma providência. Algo tinha de mudar".[2]

A sala na torre do Castelo da Cinderela, o símbolo do "lugar mais alegre da Terra", seria um bom local para as futuras reuniões.[3]

O ano de 1973 indicava uma nova era de crescimento para a Disney University. A fanfarra e o entusiasmo que acompanharam a grande abertura do Magic Kingdom na Walt Disney World, na Flórida, apenas 20 meses antes – em 1971 – haviam desaparecido. No primeiro ano de operação, cerca de 11 milhões de convidados invadiram o parque, levando à exaustão milhares de membros do elenco que haviam sido cuidadosamente recrutados e treinados para operar o parque e atender a todas as necessidades dos convidados. Para completar, o enfraquecimento da economia e a redução da força de trabalho vieram aumentar ainda mais o estresse.

Os 11.088 hectares que constituíam a Walt Disney World equivaliam a quase 150 vezes o tamanho da Disneylândia na Califórnia.[4] Com 111 quilômetros quadrados, era uma cidade em si, aproximadamente do porte de San Francisco e duas vezes maior que a ilha de Manhattan.

A equipe da Disney nunca havia gerenciado uma operação dessa escala ou complexidade. A diferença entre a Walt Disney World, com todos os seus hotéis, resorts, campos de golfe, áreas de camping, empresa de telefonia, concessionária de serviços públicos, operadora de turismo e o Lago Buena Vista, e os familiares limites da Disneylândia era gritante.

Naquela época, o Magic Kingdom na Walt Disney World era o maior projeto privado de contratação e construção dos Estados Unidos. Na fase final de construção, as atividades de recrutamento alcançaram um ritmo frenético. No dia da inauguração, já haviam sido recrutados mais de 5,5 mil membros para o elenco. Com apenas um contratado em cada oito candidatos, o escritório responsável pela seleção do elenco fez uma triagem com mais de 44 mil aspirantes. Em 1973, a equipe original de 5,5 mil membros já contava com quase 10 mil integrantes.

O porte e o escopo da Walt Disney World eram de proporções gigantescas. E o empreendimento enfrentou uma crise de relações de funcionários sem precedentes.

A crise da Walt Disney World

Qualquer pessoa que já tenha participado de uma grande inauguração sabe como é. A energia que acompanha o período de pré-abertura, seguida pelo eventual desânimo que vem depois, pode ser uma assustadora montanha-russa emocional.

A provação das atividades que antecedem a inauguração gera uma intensidade impossível de ser igualada. Os dias, meses ou anos de pressão que precedem uma grande inauguração, repleta de desvairados rompantes de atividade e ansiedade, oferecem oportunidades de crescimento sem paralelo. Por outro lado, o período que se segue pode ser um poço de mesmice; as operações diárias raramente são tão revigorantes ou atraentes quanto a grande abertura.

Na Walt Disney World, uma série de problemas se somou à depressão pós-abertura:

– Roy Disney, que assumiu como líder inspiracional da empresa depois da morte de Walt Disney em 1966, faleceu em dezembro de 1971, apenas dois meses após a inauguração da Walt Disney World. Roy, que assumiu a função de Walt de pastorear o desenvolvimento da Walt Disney World, se foi. Seu entusiasmo e foco motivaram todos os membros do elenco a enfrentar os desafios para concluir o sonho da Flórida cultivado por Walt. A empresa perdeu seus líderes inspiracionais vitais em um espaço de tempo relativamente curto.

– Os membros do elenco estavam exaustos. Não havia um roteiro operacional para a abertura da Walt Disney World. Como tudo era tão novo, os membros do elenco iam aprendendo à medida que criavam; os sistemas e procedimentos eram desenvolvidos à medida que o parque tomava forma. Os efeitos de três anos de intensa pressão, expectativa e solução de problemas estavam se fazendo sentir.

– As oportunidades de progresso profissional diminuíram. Quando o número e a variedade de vagas de emprego começaram a diminuir, muitos membros competentes do elenco foram procurar crescimento profissional fora da empresa.

– Muito mais do que um parque temático, a Walt Disney World era um ambiente complexo envolvendo muitas profissões. Diferente dos primeiros anos da Disneylândia, não havia queda do movimento no meio do inverno durante o qual os membros do elenco poderiam reformar as instalações e fazer uma merecida pausa. A Walt Disney World, com hotéis, campos de golfe, áreas de camping e resorts, funcionava 24 horas por dia, 365 dias por ano. O termo "período de inatividade" não existia em seu vocabulário. Essa era uma empresa diferente.[5]

– Por fim, o singular objetivo de abrir a Walt Disney World, uma enorme fonte de motivação em si e por si, acabou. O que mais se poderia almejar? Seria difícil reproduzir a inspiração e a motivação proporcionadas pela clareza de um grande objetivo.

Entretanto, o problema não ocorreu da noite para o dia. Como um executivo explicou:

– O período de três anos de intenso esforço para construir, recrutar funcionários e depois operar a Walt Disney World finalmente se fez sentir em nós. Não era como ir ao médico e, de repente, descobrir que tínhamos uma doença incurável. Era mais como se tivéssemos lentamente engordado 450 quilos e nossa saúde agora estivesse em risco. Foram vários anos para chegar a tal condição, de modo que, para recuperar a saúde organizacional, não bastaria agitar uma varinha de condão.

A recuperação certamente não ocorreria da noite para o dia.

O colapso sofrido por tantos membros do elenco da Walt Disney World não é diferente daquele enfrentado por muitas empresas depois que alcançam objetivos substanciais. Os funcionários e gerentes "pifam".

Jack Lindquist, contratado por Walt Disney logo após a inauguração da Disneylândia, foi o primeiro gerente de Publicidade do parque e estava familiarizado com o padrão. Ascendendo ao cargo de vice-presidente-executivo de Conceitos de Marketing Criativo da Walt Disney Attractions e posteriormente ao cargo de presidente da Disneylândia, Jack vivenciou diversas grandes estreias durante sua carreira e sabe os efeitos que uma grandiosa inauguração pode produzir em uma equipe. Começando pela Walt Disney World, na Flórida, e passando, em seguida, à Disneylândia de Tóquio e à de Paris, Jack relata suas experiências.

– Toda equipe que atua em uma grande estreia é a primeira onda, a pioneira.

Lembro-me de todas elas. Era uma loucura, mas hoje, pensando bem, era algo que não perderíamos por nada.[6]

Sustentar os intensos níveis de entusiasmo, esforço e ritmo pré-abertura não é um objetivo responsável para uma empresa. Entretanto, evitar um ambiente de trabalho tóxico após a realização do evento ou um êxodo em massa de funcionários, provocado pelo moral baixo, é um objetivo alcançável e que vale a pena perseguir.

O castelo da Cinderela e a mudança de cultura

A ideia de usar a sala da torre do Castelo da Cinderela como local de reuniões partiu de Dick Nunis.[7] Dick sabia que o castelo, como símbolo da empresa, seria uma poderosa afirmação da importância das reuniões e do esforço exigido de todos.

Igualmente importante seria o apoio e o entusiasmo dos participantes das reuniões. Quando o diretor da Disney University se reuniu pela primeira vez com Dick para traçar um plano estratégico, eles concordaram que, sem o apoio do pessoal de operações, a Disney University não poderia conduzir mudanças organizacionais. Todas as divisões tinham de colaborar.

Quando a reunião estava para terminar, Dick telefonou para os vice-presidentes de cada divisão, a fim de angariar apoio para a iniciativa de reduzir a taxa de rotatividade de pessoal. Ele pediu que todos participassem da futura série de reuniões como auxiliares na elaboração de uma estratégia de recuperação.

Dick não mandou que os vice-presidentes participassem. Eles tinham ciência da crise iminente e estavam com o firme propósito de ressuscitar o espírito da Walt Disney World. Os vice-presidentes, assim como os diretores e gerentes, assumiram a tarefa como uma responsabilidade pessoal. Não houve necessidade de bajular nem convencer ninguém.

As reuniões no castelo

As reuniões semanais no Castelo da Cinderela acabaram preparando o cenário para uma reviravolta milagrosa. Utilizando a estreita escada de construção ou o pequeno elevador um dia usado pelas turmas de operários, o diretor da Disney University e os vice-presidentes de divisão subiram à torre para chegar à sala de reuniões. Chegando lá, eles foram recebidos no ambiente desolado que a maioria não conhecia: cadeiras simples em torno de uma pequena mesa em um local apertado e, sem dúvida, desarrumado.

O cenário por si só enfatizava a importância da tarefa que os aguardava: solucionar a crise do baixo moral dos funcionários e da alta rotatividade de pessoal. Como um participante dessas reuniões declarou:

– A sala dos bastidores situada na torre do Castelo da Cinderela ajudou a dar o tom das reuniões e serviu para estreitar o vínculo entre nossa equipe de liderança e a linha de frente – o parque.

Da primeira rodada de reuniões, participaram apenas os vice-presidentes de divisão. Posteriormente, as reuniões no castelo evoluíram para sessões que passaram a contar com a participação de seus subordinados, os diretores de divisão. No primeiro mês, os diretores e a equipe da Disney University criaram um plano para reduzir a rotatividade de funcionários na Walt Disney World. Era um plano abrangente, que exigia o crescimento de todos os participantes:

– Desempenhando um papel vital na iniciativa de redução da rotatividade, a Disney University se tornou um sofisticado veículo de desenvolvimento, comunicação e assistência para os funcionários. Sua função tradicional de oferecer programas, manuais e boletins de orientação ao funcionário logo passou a incluir atividades de suporte à liderança e ao desenvolvimento organizacional.

– Em cada divisão, foi colocado um gerente de RH atuando em regime de tempo integral. Esses gerentes se reportavam tanto aos diretores de suas divisões quanto ao diretor da Disney University, reforçando a colaboração entre a área de operações e a equipe da universidade.

– As decisões eram norteadas pelas informações coletadas por meio das pesquisas de opinião realizadas anualmente com os funcionários e pelos dados sobre os níveis de rotatividade.

– A Disney University trabalhou em colaboração com cada divisão para criar um plano de recursos humanos, baseado nos dados coletados referentes aos funcionários.

Mudanças orientadas por dados

Os gerentes divisionais de RH, assumindo as funções legadas pelos vice-presidentes e diretores de divisão, começaram a se reunir regularmente com a equipe da Disney University. Usando a sala de reuniões do castelo, eles se reuniram durante muitos meses, estabelecendo metas de treinamento e desenvolvimento de funcionários, criando objetivos e analisando os números referentes à taxa de rotatividade.

O extenso uso das pesquisas de opinião com funcionários gerava informações cruciais para a equipe executiva. A análise dos dados revelou o seguinte:

– O pessoal de operações era especialista em manter o espetáculo funcionando a todo vapor.

– A equipe de recursos humanos conduzia com maestria questões envolvendo relações de trabalho, remuneração, emprego e novas contratações.

– Os membros do elenco, o ativo mais importante da empresa, se sentiam desconsiderados.

Os executivos, então, tomando conhecimento dessas descobertas, perceberam que, nas palavras de um deles:

– Havíamos empenhado um esforço muito grande para satisfazer às necessidades de nossos clientes externos, mas agora precisávamos melhorar o serviço de atendimento aos nossos clientes internos.[8]

A abordagem centralizada e descentralizada

As reuniões no Castelo da Cinderela, que acabaram sendo transferidas para uma sala de reuniões na Disney University, levaram a uma estratégia revisada de desenvolvimento de funcionários, a abordagem centralizada e descentralizada: centralizada significava aquelas atividades que eram controladas pela Disney University; descentralizada, as atividades que estavam sob o controle das divisões.

A descrição de Thor Degelmann esclarece as funções:

– No centro está a Disney University, a detentora da chave da porta, a consciência da empresa no que diz respeito à marca Disney; é a responsável por compor o "panorama geral" para garantir a regularidade na entrega do produto. A orientação dos novos contratados garante que todos aqueles que são admitidos conheçam a cultura da empresa. A parte descentralizada da estratégia de treinamento é de responsabilidade da divisão operacional. O treinamento específico em cada tarefa, como manuseio de caixa, segurança de alimentos e detalhes inerentes às operações do dia a dia, é de responsabilidade das divisões operacionais.[9]

Essa abordagem compartilhada reforça a importância de todos terem responsabilidade e participação no desenvolvimento dos membros do elenco, além de reconhecer a singularidade de cada divisão e, até certo ponto, permitir a customização do treinamento e da comunicação.

A equipe da Disney University tomou por base a visão de Van France de uma universidade "à frente do seu tempo, que levasse as pessoas a vivenciar empolgantes aventuras". As pesquisas de opinião com funcionários também contribuíram para três iniciativas de expansão envolvendo treinamento e desenvolvimento, as atividades do elenco e as formas de comunicação com o elenco.

Iniciativa 1: Melhor treinamento e desenvolvimento

A função de treinamento foi largamente ampliada, passando a oferecer muito mais do que um programa de orientação para novos contratados. Foram criados programas e currículos para ajudar o desenvolvimento profissional dos funcionários em todos os níveis:

– Os membros horistas do elenco podiam participar dos programas de desenvolvimento do elenco.

– Os supervisores e gerentes podiam escolher entre uma variedade de cursos de desenvolvimento gerencial.

Até mesmo o processo de orientação de novos contratados foi aprimorado para garantir que todos os membros do elenco recebessem um treinamento atraente, consistente e relevante. Foi desenvolvido um processo de socialização organizacional de quatro dias que empregava a abordagem centralizada e descentralizada; a Disney University e cada divisão de operações preenchiam as funções vitais. A equipe da Disney University conduzia a sessão de orientação detalhada da empresa no primeiro dia, na qual todos os membros do elenco eram tratados igualmente e da qual todos participavam.

Os três dias seguintes de treinamento eram conduzidos nas divisões de operações. As divisões de alimentos e bebidas, finanças, segurança, merchandising e todas as demais criaram seus próprios programas, com um currículo que ia desde uma introdução geral à divisão até o treinamento prático específico. O treinamento era ministrado pelos membros do elenco de cada divisão certificados pela Disney University como "treinadores de divisão qualificados". Mesmo quando não estava conduzindo diretamente o treinamento, a Disney University garantia sua consistência e qualidade.

Iniciativa 2: Expansão das atividades do elenco

As reuniões no Castelo da Cinderela reforçaram também a necessidade de ampliar o suporte e as oportunidades recreativas e sociais para os membros do elenco. Por meio da pesquisa de opinião, os membros do elenco revelaram necessidades que nunca haviam sido abordadas; eles achavam que a empresa poderia oferecer mais assistência às suas funções como funcionários, como pais e como seres sociais em um ambiente cada vez mais complexo e em constante desenvolvimento. O Clube Recreativo da Disneylândia original de Van France, hoje conhecido como Atividades do Elenco, poderia desempenhar um papel até mais significativo na Walt Disney World. O grande número de membros do elenco criou desafios nunca antes enfrentados na Disneylândia. Entretanto, esse grande contingente de funcionários era contrabalançado pela vastidão da área disponível na Walt Disney World. As oportunidades para atividades recreativas e de suporte eram muitas:

– Uma área de 24 hectares em Little Lake Bryan foi transformada em área de recreação para uso específico dos membros do elenco (hoje, menor e conhecida como Mickey's Retreat). Esse ambiente único permitiu que a empresa oferecesse não apenas os campos necessários para eventos esportivos e as áreas para piquenique, mas também um lago para pescaria e passeios de barco.

– Foi criada uma creche para os filhos dos membros do elenco.

– Em razão do elevado preço da gasolina na área de Orlando, foi construído um posto de gasolina que oferecia preços subsidiados.

Iniciativa 3: Formas de comunicação exclusivas com o elenco

A equipe da Disney University e os gerentes das divisões de RH inventaram formas criativas de se comunicar com os membros do elenco:

– Extravagantes quadros de avisos estrategicamente posicionados no parque saudavam os membros do elenco com mensagens importantes e oportunas, inclusive com saudações por datas comemorativas específicas.

– As áreas de descanso, cafeterias e camarins reformados e atualizados transmitiam aos membros do elenco a importância de seu conforto.

– Os túneis que passam por baixo do Magic Kingdom, as passagens que os membros do elenco usam para ir das salas de descanso e camarins ao trabalho, não ficaram de fora do projeto de reformas. Como um executivo disse: "Não queríamos que os membros do elenco se sentissem como ratos dentro de um buraco". Esses túneis de concreto escuros e sem vida foram transformados em espaços claros e convidativos.

– As mensagens motivacionais e de aniversário criadas em cada divisão e acrescentadas aos envelopes dos contracheques dos funcionários conferiam um toque mais pessoal, personalizado.

– Vídeos informativos, transmitidos por um sistema de circuito fechado e atualizados semanalmente, eram exibidos nos monitores de tevê, localizados nas salas de descanso.

– O boletim informativo da Walt Disney World, Eyes and ears of the Walt Disney World, muito apreciado e amplamente lido pelos membros do elenco, continuou a ser uma valiosa ferramenta para a troca de informações.

Resultados sem precedentes

Em 1975, dois anos após o início das reuniões no Castelo da Cinderela, a taxa de rotatividade na Walt Disney World caiu de um nível desoladoramente alto de 83% para 28%, uma redução relativa de 66%. Vistos pela perspectiva oposta da retenção de funcionários, os números revelam resultados impressionantes: a lânguida taxa inicial de retenção de 17% quadruplicou para 72%, um espantoso aumento.

Isoladamente, nenhuma das atividades, reuniões ou iniciativas poderiam ter levado a uma queda tão vertiginosa da taxa de rotatividade. O fato mais importante nessa evolução organizacional foi o efeito cumulativo.

Dick Nunis, o primeiro indivíduo contratado e treinado por Van France, participou consistente e diretamente do sucesso da Disney University e dos membros do elenco. Ligando pessoalmente para os vice-presidentes de cada divisão, Dick preparou o cenário para o envolvimento da liderança. Como presidente da Divisão de Recreação ao Ar Livre, ele tinha absoluta convicção de que aquela era sua função e não deveria ser delegada ou abandonada. Sua decisão de conduzir reuniões semanais no Castelo da Cinderela, um dos símbolos mais reconhecidos da empresa, serviu para enfatizar ainda mais a gravidade da crise.

A Disney University, como veículo de desenvolvimento, comunicação e assistência ao funcionário, não precisou agir sozinha. A colaboração entre a Disney University e cada uma das divisões de operações reflete o entusiasmo com que a liderança de cada divisão da Walt Disney World atacou essa crise.

A lua de mel chegara ao fim, mas o casamento triunfaria.

Revisão da Lição

A LUA DE MEL CHEGARÁ AO FIM

O castelo da Cinderela e a mudança de cultura

A lua de mel chegará ao fim

– O tipo de queda do moral dos funcionários vivenciado após a abertura da Walt Disney World é um desafio para muitas empresas; certo nível de exaustão dos funcionários e gerentes é normal.

– Os níveis de intensidade, entusiasmo, esforço e ritmo que antecederam a inauguração decaíram.

– Evitar um ambiente de baixo moral após a realização do evento é um objetivo razoável que vale a pena buscar.

– Até mesmo uma equipe de estrelas precisa se comunicar e colaborar.

Os símbolos são mais eficazes do que as palavras

– Os telefonemas pessoais de Dick Nunis para cada vice-presidente de divisão pesaram muito. Ele não delegou a tarefa.

– A realização de reuniões no Castelo da Cinderela transmitiu uma inequívoca mensagem de urgência à equipe de liderança.

– Convidar os funcionários a manifestar suas críticas à empresa por meio de pesquisas de opinião e depois agir com base nas informações compartilhadas cria um ambiente de confiança.

A sinergia e a colaboração são forças irreversíveis

– As reuniões conduzidas no Castelo da Cinderela ajudaram a aprofundar a confiança, o respeito e a comunicação entre a equipe da Disney University e a equipe de operações.

– Os dados e as métricas constituíram a base dos planos de desenvolvimento. As pesquisas de opinião com funcionários combinadas às taxas de rotatividade de pessoal forneceram uma gama de informações.

– A abordagem centralizada e descentralizada elevou o nível de eficácia do treinamento e da comunicação com os membros do elenco.

– O desenvolvimento e o moral dos membros do elenco eram questões do interesse de todos; a Disney University não agiu sozinha.

Aplicação das Quatro Circunstâncias de Van

Inovar – Apoiar – Educar – Entreter

Gerenciamento de crise e mudança de cultura

Como os processos de gerenciamento de crise e mudança de cultura são conduzidos em sua empresa? De que maneira as Quatro Circunstâncias de Van são utilizadas para elevar o moral dos funcionários?

A lua de mel chegará ao fim

– Em sua empresa, qual o equivalente ao fim de uma lua de mel? Como a mudança está sendo abordada?

– Os executivos participam integralmente do processo de resolução? Quem é envolvido e com que frequência?

– De que maneira essa estratégia de redução da taxa de rotatividade de pessoal poderia ser melhorada?

– Se isso não está sendo feito, qual a desculpa para a inatividade?

Os símbolos são mais eficazes do que as palavras

– Que símbolos representam a cultura da sua empresa (pessoas, produtos, estruturas, logotipos)?

– De que maneira esses símbolos poderiam ser utilizados para ajudar a reforçar a cultura organizacional e resolver crises? Eles estão sendo usados atualmente? Como? Em caso negativo, por que não?

– De que maneira você transmite mensagens importantes?

A sinergia e a colaboração são forças irreversíveis

– Em sua empresa, qual o equivalente às reuniões no Castelo da Cinderela, aos telefonemas de Dick Nunis e à estratégia centralizada e descentralizada de desenvolvimento de funcionários?

– A receptividade, a honestidade e a colaboração são incentivadas? Em caso negativo, por que não? O que precisa ser feito?

– Você conduz pesquisas de opinião com os funcionários? Em caso negativo, por que não? Em caso afirmativo, são tomadas providências com base nos dados coletados?

NOTAS

1. FRANCE, Van Arsdale. *Window on main street*, p. 68.
2. Entrevistas com Tom Eastman, diretor-corporativo aposentado, Disney University, 29 de maio, 28 de julho e 08 de agosto de 2012.
3. Entrevistas com Tom Eastman, diretor-corporativo aposentado, Disney University, 29 de maio e 28 de julho de 2012.
4. Walt Disney World: the first decade, Walt Disney Productions, 1982, p. 12.
5. Entrevistas com Thor Degelmann, vice-presidente aposentado de Administração e RH, Disneyland Paris Resort, 07 de maio e 14 de junho de 2012.
6. Entrevista com Jack Lindquist, presidente aposentado, Disneylândia, 27 de agosto de 2012.
7. Entrevistas com Tom Eastman, diretor-corporativo aposentado, Disney University, 29 de maio e 28 de julho de 2012.
8. Entrevistas com Tom Eastman, diretor-corporativo aposentado, Disney University, 29 de maio e 28 de julho de 2012. Jim Cora, presidente aposentado do conselho de Administração, Disneyland International, 08 de março, 09 e 14 de maio e 26 de julho de 2012. Thor Degelmann, vice-presidente aposentado de administração e RH, Disneyland Paris Resort, 07 de maio e 14 de junho de 2012.
9. Thor Degelmann, vice-presidente aposentado de Administração e RH, Disneyland Paris Resort, 07 de maio e 14 de junho de 2012.

Lição 8

CONTINUEM INOVANDO O ESPETÁCULO

Não há lugar para desculpas

Temos de continuar inovando nosso show. Se um dia os perdermos [os convidados], levaremos dez anos para recuperá-los.[1]

– Walt Disney

Van France está frustrado com a "mentalidade de vítima" que começa a minar a gerência da Disneylândia. O ano é 1980 e os efeitos de três forças convergentes estão se fazendo sentir.

– A recessão mundial e a consequente queda no número de visitantes à Disneylândia estão gerando enorme pressão sobre os gerentes; juntos, eles e os membros de seus elencos precisam fazer mais com menos.

– O desenvolvimento do Epcot na Flórida, a ser inaugurado dentro de apenas dois anos, está levando ao limite os já escassos recursos corporativos – tanto financeiros quanto humanos.

– A Disneylândia de Tóquio – o primeiro parque temático internacional da empresa –, prevista para ser inaugurada dentro de três anos, está esgotando ainda mais os limitados recursos.

Essas três forças estão criando desafios sem precedentes para a equipe gerencial. Além disso, realidades econômicas e comerciais à parte, a falta de atenção dispensada à Disneylândia não agrada à equipe gerencial do parque. O compartilhamento do palco é um novo conceito para eles; a Disneylândia não é mais a única estrela. Van está preocupado que o mundialmente famoso serviço de atendimento ao convidado da Disneylândia sofra as consequências. Ele ataca o problema de frente; esse é o momento certo para um ajuste de atitudes.

Determinado a reacender a cultura da postura arrojada na Disneylândia, Van prepara para a gerência um curso de reciclagem da equipe intitulado *Gentlemen, this is a guest!* (Senhores, eis um convidado!). Usando uma abordagem básica de orçamento reduzido, Van tem o propósito de mostrar que há espaço para melhorar o serviço de atendimento ao convidado, pondo um fim às reclamações. Nem a fraca economia nem a atenção corporativa dispensada à Flórida e ao Japão poderão detê-lo. Van, que nunca foi de recuar, argumenta:

– Não enfrentar os graves efeitos da inflação e da recessão sobre nossos serviços é uma atitude de esquiva.[2,3] Van está convencido de que esse é o momento certo para "inovar o show".

As seguintes passagens do material do curso exemplificam a abordagem de Van:

– "Se não fornecermos o que o convidado paga para receber, vocês e eu teremos de nos virar sozinhos e procurar algum outro meio de vida."[4]

– "Não há absolutamente nada que vocês ou eu possamos fazer em relação à recessão, à depressão, às falências, ao desemprego ou às taxas de juros. Mas existem algumas coisas que tanto vocês quanto eu podemos fazer para melhorar a cortesia, a diversão, a produção teatral e a alegria geral dos convidados que nos pagam. Estamos em uma posição única em que cada um de nós tem como tomar uma atitude para proteger nossos empregos e carreiras melhorando o show. Com todo o devido respeito ao entusiasmo na Flórida e no Japão, estamos aqui onde tudo começou. Nossa função é trabalhar juntos para preservar esse sonho que possibilitou o crescimento em todos os outros setores."[5]

Os gerentes da Disneylândia estão enfrentando um paradoxo: qual a melhor maneira de lidar com os efeitos de uma fase que é simultaneamente de recessão e de expansão econômica? Por meio de suas sessões do programa *Gentlemen, this is a guest!*, Van pretende restabelecer a ligação da equipe gerencial com as raízes da excelência que sempre serviram tão bem à Disneylândia.

Expansão ou recessão e tudo o mais na faixa intermediária

Os extremos das expansões e recessões econômicas jamais deixarão de existir. Ambos criam considerável ansiedade entre os líderes, e ninguém está imune. Líderes governamentais, empresariais, de instituições religiosas, de entidades sem fins lucrativos e de novos empreendimentos, todos enfrentam desafios semelhantes.

Os extremos da expansão e da recessão obrigam os líderes a estudar maneiras de enfrentar os seguintes desafios:

– Fazer mais com menos

– Manter o envolvimento e a motivação dos funcionários

– Reduzir a rotatividade de funcionários

– Melhorar o serviço de atendimento ao cliente

– Diferenciar-se da concorrência

A *diferenciação* é o objetivo maior: como se destacar como o empregador preferencial, o fornecedor preferencial, o prestador de serviço preferencial – qualquer coisa preferencial.

Diferenciar-se fazendo mais com menos, mantendo o envolvimento e a motivação dos funcionários e melhorando o serviço de atendimento ao cliente é hoje mais uma constante do que uma aberração. A ansiedade e o estresse que antes eram sentidos somente durante os períodos extremos de expansão e recessão hoje são uma realidade diária para muitos.

Os líderes mais fortes sabem a importância da diferenciação durante o período intermediário entre as crises geminadas de expansão e recessão. Felizmente, é cada vez maior o número de líderes que percebem que o desenvolvimento por si só (seja um serviço, seja um produto real) não é suficiente. Para se diferenciarem, esses líderes sabem que precisam também melhorar suas estratégias de treinamento e desenvolvimento funcional.

No desvario de se desenvolver e se diferenciar da concorrência por meio do treinamento, os elos de ligação entre os valores organizacionais, os claros objetivos de treinamento, as necessidades dos funcionários e as exigências dos clientes podem se enfraquecer. Até mesmo as empresas normalmente norteadas por princípios equivalentes aos valores corporificados nas Quatro Circunstâncias de Van – inovar, apoiar, educar e entreter – deveriam avaliar se e quando perdem de vista seus valores: O que as faz cair em um modo de reação automático?

A frenética volta na montanha-russa econômica, logo foge ao controle quando os valores são desprezados e as desculpas começam a correr soltas.

É a expansão, seguida da recessão.

A culpa é da economia

Em algum lugar do mundo, as seguintes situações estão acontecendo no momento. Ambas refletem uma mentalidade passiva, vitimista. Ambas enfraquecem o desenvolvimento funcional e organizacional sustentado. Ambas abrem a porta para os concorrentes.

Situação 1: Recessão

"Essa economia fraca está me matando. 'Fazer mais com menos' é a ordem do momento. Meus orçamentos foram cortados, e eu estou atado."

O resultado?

– Não tenho orçamento nem tempo e tampouco pessoas para oferecer treinamento.

– Por que treinar os funcionários? Não demora, eles se vão.

Situação 2: Expansão

"Essa expansão econômica está me matando. Mal estamos conseguindo atender aos pedidos atuais; além disso, não consigo reter os bons funcionários. Basta aparecer um concorrente oferecendo um pouco mais e eles abandonam o barco."

O resultado?

– Não tenho tempo nem pessoas para oferecer treinamento.

– Por que treinar os funcionários? Não demora, eles se vão.

Culpar a economia é uma desculpa conveniente para não oferecer treinamento.

Não é a economia: Algumas empresas não estão preparadas para oferecer treinamento

Duas empresas estão em extremos opostos do espectro econômico: uma está em um ambiente decadente; outra, em ambiente próspero. Entretanto, economia à parte, existem surpreendentes semelhanças entre ambas em um aspecto. Existem grandes chances de que nenhuma das duas empresas tenha uma história ou uma cultura de oferecer a seus funcionários um treinamento útil que evoque o apoio da cúpula.

Antes de se comprometer a oferecer qualquer tipo de treinamento, essas empresas deveriam responder às seguintes questões:

– Até que ponto os programas de treinamento foram eficazes no passado?

– Qual a contribuição desses programas para os resultados financeiros da empresa?

– De que maneira esses programas contribuíam para a saúde emocional dos funcionários?

– Quem era o maior incentivador dos treinamentos: o gerente de treinamento, o CEO ou eram os funcionários?

Em geral, as respostas para essas perguntas são: "Não sei", "Não sei", "Não sei" e "O gerente de treinamento".

Nesse caso, desenvolver e implementar programas de treinamento talvez não seja uma boa ideia para nenhuma das duas empresas. Elas não estão preparadas. O treinamento provavelmente se revelaria contraproducente e prejudicial à saúde organizacional de ambas. Tirar as pessoas de suas funções reais para participar de um treinamento mal elaborado é desperdício de recursos e tempo, e acabará enfraquecendo o moral dos funcionários.

Não tem de ser assim. Além disso, não culpe a economia; essa é a desculpa mais conveniente de quem quer cortar o treinamento.

Continue inovando o espetáculo

A advertência de Walt Disney para que "continuem inovando o espetáculo" é simplesmente outra maneira de dizer "continuem aperfeiçoando o produto e o serviço". Entre os membros do elenco, existe uma história famosa sobre o compromisso de Walt Disney com a melhoria contínua. Trata-se de um episódio envolvendo uma divergência entre Walt Disney e o Comitê de Operações do Parque, a equipe responsável pela administração da Disneylândia. Contrariando as objeções do comitê, Walt aprovou o financiamento do primeiro desfile de Natal da Disneylândia, que acabou evoluindo para um evento anual que gerava grandes expectativas. Walt baseou seu argumento na necessidade de continuar "inovando" o espetáculo, ou seja, de continuar aperfeiçoando o produto e o serviço.

Por meio das sessões do seu programa *Gentlemen, this is a guest!*, Van embarcou em uma missão semelhante de continuar inovando o espetáculo após identificar a necessidade de reacender a paixão e a atitude arrojada entre os gerentes da

Disneylândia. Sem se deixar intimidar pelo duplo desafio das incertezas econômicas e de um crescimento sem precedentes, Van tratou de melhorar os aspectos básicos. Aliás, ele chegou até mesmo a citar o famoso incidente entre Walt e o Comitê de Operações do Parque em seu programa no intuito de reforçar a antiga mensagem do fundador: "O melhor nunca é o melhor".[6]

Utilizando nada mais do que um memorando de 15 páginas e uma série de curtas reuniões abertas em formato de fórum com a gerência da Disneylândia, Van ajudou uma equipe desestimulada a se reconectar com suas raízes, enfatizando o resultado final da Disneylândia: um convidado feliz. Ele também lembrou aos gerentes o papel que representavam no show, apelando para que fizessem o seguinte:

– *Pensar em termos de trabalho em equipe.* Pensar em "nós" é muito mais eficaz do que pensar em "eles", "os jovens" ou "os sindicatos". A atribuição de culpa é um poço sem fundo.

– *Pensar em termos de público e convidado.* Referir-se aos convidados apenas como "números de participação" é uma atitude desumanizadora. Os convidados são o público, estão pagando para ser entretidos e encontrar alegria. Os convidados não são "unidades" ou "*per capita*"; eles são seres humanos.

– *Pensar em termos de alegria para os outros.* Os convidados vêm à Disneylândia em busca de alegria; é uma maneira de darem uma breve escapada das frustrações diárias. O sonho de Walt Disney de separar o frustrante mundo exterior do mundo da Disneylândia garante a alegria dos convidados. Nossa função é manter um ambiente de fantasia.

– *Exercitar a simpatia.* Significa sorrirem e serem corteses uns com os outros. O cumprimento trocado nos bastidores vai se traduzir em simpatia no palco.

– *Pensar em termos de qualidade e orgulho.* Ambos são essenciais no trato cortês com o convidado e na produção teatral, em todas as nossas atividades de bastidores e de palco.[7]

Nenhuma das advertências de Van é dispendiosa. Nenhuma requer investimentos em trajes novos e sofisticados para os membros do elenco ou em atrações atualizadas.

Inovar o espetáculo é uma questão não apenas de orçamento, mas de atitude.

Vendemos pó mágico!

Certamente Van enfrentou sua parcela de problemas e desafios difíceis. Sobretudo durante os desafios econômicos e de crescimento citados anteriormente, muitos membros do elenco e gerentes lançavam o desafio e questionavam a "questão da alegria" dizendo: "Não nos venha com essa história de pó mágico". Nesses casos, Van rapidamente se transformava no que Dick Nunis com muita propriedade chamava de "um Pato Donald furioso".[8] Van deixava absolutamente claro para os funcionários que pó mágico era exatamente o produto e que eles precisavam ter orgulho em oferecê-lo aos convidados:

– Vender pó mágico? Vocês têm absoluta razão. É isso que nós fazemos, e eu me orgulho disso.[9]

Van sabia quando ser flexível e quando impor limites. Não havia ambiguidades em sua abordagem. Ele não era um político corporativo de fala mansa, mas um incentivador brutalmente sincero. A lição de Van de clareza e sinceridade em *Gentlemen, this is a guest!* é uma das muitas razões para a duradoura cultura de alegria de todos os parques temáticos e resorts Disney. Todos conhecem o produto real, e ele é muito mais que desfiles, brinquedos e personagens caracterizados.

Sem desculpas

Plenamente ciente de que "a palavra 'treinamento' tem um efeito nauseante em algumas pessoas"[10], Van não hesitava em contestar programas de treinamento mal elaborados e defasados. Ele era o primeiro a mudar ou eliminar um evento de treinamento se sentisse que não estava obtendo resultados. Ele sabia, também, que o treinamento por si só não era a solução; o treinamento não tinha como resolver todos os problemas.

Van era igualmente fervoroso ao contestar as desculpas que as pessoas usavam para não ministrar treinamentos. Como Walt Disney, Van rejeitava a noção de que as mazelas econômicas justificam o abandono dos esforços para inovar o show. Bill Ross recorda uma valiosa lição:

– Van acreditava veementemente no emprego de atividades de desenvolvimento e não permitia que a exiguidade orçamentária fosse um empecilho. O dinheiro pode estar curto, mas a criatividade é livre.[11]

Mais direta ainda é a mensagem de Van em um relatório intitulado *Disneyland: The exciting new era*, 1980-2005: "O orçamento passou a servir de bode expiatório para toda possível ação negativa e para a rejeição de qualquer sugestão de melhorias. É a saída do covarde para qualquer problema".[12]

O treinamento não precisa ser uma grande extravagância orçamentária ou se limitar a atividades conduzidas em sala de treinamento. Alguns dos melhores treinamentos do mundo ocorrem durante sessões de treinamento no local de trabalho conduzidas por tutores, não por treinadores. A tutoria, o treinamento prático e a exemplificação podem ser muito mais úteis e significativamente menos onerosos do que o treinamento em sala de aula. As reuniões semanais de funcionários e as reuniões de cinco minutos pré/pós-expediente oferecem enormes oportunidades de treinamento e aprendizado.

Jim Cora sintetiza os fundamentos do treinamento, que ele utilizou com tanto sucesso, durante seus 43 anos de carreira na Disney:

> *Marketing é o dinheiro e o tempo que você gasta para atrair as pessoas para a empresa. Treinamento é o investimento que você faz para garantir o retorno dos convidados e a permanência dos membros do elenco; é um gerador de fidelidade. Se o espetáculo fosse afetado, eu nunca criava atalhos no intuito de fazer economia. Eu nunca cancelei um programa de treinamento que tivesse ajudado o nosso espetáculo.*

Inovar o espetáculo requer olho vivo, capacidade de se concentrar nas questões básicas e recusa em aceitar a mediocridade. Imagine, por exemplo, os fardos de feno na Terra da Fronteira (Frontierland). Colocados estrategicamente como acessórios destinados a enriquecer o ambiente de Velho Oeste, os fardos são um componente vital do show. Agora imagine ervas daninhas brotando nesses fardos; isso é um mau espetáculo, um tabu Disney. Será que essa é uma "situação de treinamento" em que os zeladores precisam de treinamento complementar para aprender a tirar corretamente as ervas daninhas? Prosseguindo com sua descrição de inovação do show, Jim explica quando o treinamento não é a solução:

– Se estiverem nascendo ervas daninhas nos fardos de feno na Terra da Fronteira é porque os fardos já deveriam ter sido substituídos há muito tempo.[13]

Revisão da Lição

CONTINUEM INOVANDO O ESPETÁCULO

Não há lugar para desculpas

Sem desculpas ou reclamações

– Os efeitos combinados da construção de dois novos parques temáticos e de uma economia enfraquecida exerceram enorme pressão sobre os gerentes da Disneylândia para que eles fizessem mais com menos.

– Aborrecidos com a atenção dispensada aos parques mais novos, a gerência da Disneylândia começou a demonstrar sinais de indiferença em relação aos convidados e aos membros do elenco.

Expansão ou recessão: Ambas podem destruir os programas de treinamento

– Tanto uma economia em expansão quanto uma enfraquecida podem criar desculpas perfeitas para a eliminação dos programas de treinamento.

– Os programas de treinamento geralmente são a primeira coisa a ser cortada quando as empresas se veem obrigadas a fazer mais com menos.

– A advertência de Walt Disney para que "continuem inovando o espetáculo" é simplesmente outra maneira de dizer "continuem aperfeiçoando o produto e o serviço".

Inovem o espetáculo

– O curso de reciclagem gerencial de Van, *Gentlemen, this is a guest!*, está perfeitamente de acordo com a determinação de Walt para que se inovasse constantemente, independentemente da realidade econômica.

– Inovar o espetáculo é uma questão não apenas de orçamento, mas de atitude.

Aplicação das Quatro Circunstâncias de Van

Inovar – Apoiar – Educar – Entreter

Inovando o espetáculo

– De que maneira você inova o espetáculo em sua empresa? Como as Quatro Circunstâncias de Van são utilizadas para diferenciar sua empresa da concorrência por meio da melhoria do serviço de atendimento ao cliente e da eficácia gerencial?

Os extremos da expansão e da recessão: Quais são os seus desafios?

Como você lida com cada um dos seguintes desafios:

– Fazer mais com menos.

– Manter o envolvimento e a motivação dos funcionários.

– Reduzir a taxa de rotatividade de funcionários.

– Melhorar o serviço de atendimento ao cliente.

– Diferenciar-se da concorrência.

Algumas empresas não estão preparadas para o treinamento

– O treinamento prejudicou sua empresa (moral, produtividade, resultados financeiros)?

– O que causou essa situação: falta de eficácia do treinamento ou falta de apoio da liderança?

– Como você pode evitar que isso volte a acontecer?

– Até que ponto chega a criatividade de sua empresa para tirar o treinamento da sala de aula?

Senhores, eis um convidado!

– Como você pode reanimar sua equipe? Você teria como criar um programa igualmente eficaz com um orçamento reduzido que ajude a inovar seu serviço ou produto?

NOTAS

1. *Gentlemen, this is a guest!*, programa de treinamento para gerentes da Disneylândia.
2. Entrevistas com Bill Ross, vice-presidente-sênior de Relações Públicas, Walt Disney Parks and Resorts, 10 de maio, 17 de setembro e 13 de outubro de 2012.
3. Relatório: The Exciting New Era, 1980-2005. Van France, 18 de fevereiro de 1981.
4. *Gentlemen, this is a guest!*, programa de treinamento para gerentes da Disneylândia.
5. *Gentlemen, this is a guest!*, programa de treinamento para gerentes da Disneylândia.
6. Entrevistas com Ron Dominguez, vice-presidente-executivo aposentado, Walt Disney Attractions, 14 de junho e 19 de julho de 2012.
7. Entrevistas com Dianna Stark, gerente de Treinamento Operacional aposentada, Disneylândia de Tóquio, 20 e 25 de julho e 26 de outubro de 2012.
8. FRANCE, Van Arsdale. *Window on main street*, p. 4.
9. FRANCE, Van Arsdale. *Window on main street*, p. 75.
10. Entrevista com Dave Smith, diretor-arquivista emérito, The Walt Disney Archives, 16 de junho de 2012. Documento Informativo: *History of Disney training*, de Dave Smith.
11. Entrevistas com Bill Ross, vice-presidente-sênior de Relações Públicas, Walt Disney Parks and Resorts, 17 de setembro e 13 de outubro de 2012.
12. Van France, documento informativo: *Disneyland: the exciting new era, 1980-2005*, 18 de fevereiro de 1981.
13. Entrevistas com Jim Cora, presidente aposentado do Conselho de Administração, Disneyland International, 08 de março, 09 e 14 de maio e 26 de julho de 2012.

Lição 9

ALÉM DA ORIENTAÇÃO

Desenvolvimento executivo: dos silos à sinergia

Walt era muito firme ao afirmar que a Disneylândia – o sonho – era a estrela. Esse era seu modo de controlar as pessoas com egos inflados que pensavam que elas ou suas divisões, seus departamentos ou suas funções eram responsáveis pelo nosso sucesso.[1]

– Van France

Frank Wells, diretor de operações da Walt Disney Company, não podia estar mais feliz. Os resultados do seminário executivo criado e implementado pela Disney University haviam sido exatamente o que ele imaginava.

Frank telefona para o gerente da Disney University, localizada nos Estúdios Disney, e diz:

– Michael [Eisner] e eu já imaginávamos os benefícios do Dimensões Disney. O seminário mudou a dinâmica entre as unidades operacionais, construindo pontes entre os silos que haviam se formado. Esse programa permitiu que as pessoas enxergassem o cenário geral.[2]

Dos silos à sinergia

O seminário, chamado Disney Dimensions (Dimensões Disney, era uma resposta direta a um problema ocorrido nos Estúdios Disney: os silos de comunicação inadvertidamente criados anos antes por Frank Wells e Michael Eisner. Michael Eisner, CEO e presidente do Conselho de Administração, e Frank Wells, diretor de Operações, haviam chegado à empresa em 1984 para reverter sua situação. Recuperando-se após sobreviver a várias tentativas de aquisição alavancada, a empresa corria o risco de ser desmembrada.

Como parte da estratégia de revigoramento dos Estúdios Disney – e de toda a empresa – Michael e Frank estavam determinados a fomentar uma cultura de criatividade, inovação e responsabilidade. Vários anos após a chegada dos dois à empresa, a nova cultura empreendedora que eles haviam criado já estava obtendo grandes recompensas; o sucesso esmagador de 1989, *A Pequena Sereia*, foi um resultado direto. Mas houve também uma consequência negativa involuntária.

De acordo com Carol Davis-Fernald, que começou como treinadora na Disney University e ascendeu ao cargo de vice-presidente de Recursos Humanos e Iniciativas dos Funcionários:

– Um dos resultados imprevistos da cultura empreendedora criada por Michael e Frank foram os silos. As pessoas estavam tão focadas em suas áreas de responsabilidade que não levaram em consideração seu impacto em outras divisões, departamentos ou unidades de negócios. De certa forma, os executivos perderam de vista o cenário geral e nós perdemos algumas oportunidades de sinergia.

Até mesmo as estrelas precisam se comunicar

Uma dessas oportunidades perdidas estava relacionada justamente àquele filme, *A Pequena Sereia*. Carol prossegue:

– *A Pequena Sereia* foi um sucesso estrondoso nas salas de cinema, mas nós não aproveitamos esse sucesso nos produtos de consumo; as vendas de mercadorias temáticas da Pequena Sereia, como bonecas e jogos, não foram tão bem-sucedidas quanto poderiam.

O problema eram o volume e a variedade de produtos. Em virtude do incomparável sucesso do filme, havia falta de produtos temáticos da sereia nas lojas. A equipe de produtos de consumo só havia participado do desenvolvimento das mercadorias no final do processo, e como o ciclo de desenvolvimento de produtos – desde as ideias iniciais até os produtos chegarem às prateleiras das lojas – é longo, não houvera tempo para compensar o atraso. O problema eram os silos de comunicação. A falta de comunicação oportuna e de colaboração entre as unidades de negócios se transformou em um grande problema.

Assim como aconteceu com o projeto das Lojas Disney, Frank e Michael pediram à equipe da Disney University que os ajudasse a melhorar o nível de colaboração entre as unidades de negócios. Bob De Nayer, o diretor de Treinamento da Disney University que ajudou a criar o programa com Carol Davis-Fernald, diz:

– Retornamos aos aspectos básicos, embora os participantes do Disney Dimensions estivessem no nível de vice-presidência ou acima dele.[3]

A equipe da Disney University criou uma experiência para os executivos que seguia o eterno modelo de Van para qualquer programa de treinamento:

– Torne-o simples (não simplista)

– Torne-o agradável

– Crie atividades experienciais que o tornem memorável

Mantendo-se fiel à abordagem de Van, a equipe da Disney University criou um programa que alcançou o objetivo de Michael e Frank de melhorar a comunicação e criar mais sinergia entre as equipes de executivos dinâmicos e especializados.

Desenvolvimento executivo: uma tradição Disney

Além de recorrer ao legado de programas de treinamento altamente interativos de Van, a equipe da Disney University tinha outro legado no qual buscar inspiração criativa. Mike Vance, contratado por Walt Disney em meados da década de 1960 para criar e conduzir programas de treinamento e desenvolvimento em nível executivo, criou os primeiros seminários educativos para a equipe sênior.

De acordo com Mike:

– Walt lançou um desafio interessante. Ele me pediu que criasse programas que incentivassem os participantes a buscar e experimentar novas abordagens. Mas Walt também me alertou para que eu ponderasse cuidadosamente as coisas. Ele não queria eventos organizados às pressas e improvisados.[4]

Mike prossegue:

– Walt era enfático em seu desejo de "perceber o que as pessoas estão pensando".

Por essa razão, Mike criou um programa interativo para as equipes executivas que permitia que os participantes e facilitadores percebessem com mais clareza o que cada um estava pensando e fazendo. O programa desenvolvido por Mike foi ministrado durante vários meses e constou de visitas de familiarização dos executivos seniores a cada unidade de negócios, a fim de garantir que todos na equipe soubessem a função que cada pessoa desempenhava. Munido do modelo "ver para crer" de Walt, Mike incorporou aos programas, originalmente chamados de Disney Way I e Disney Way II, componentes de aprendizado altamente interativos. O projeto de Mike garantiu que o aprendizado ocorresse em vários ambientes, usando uma combinação de ferramentas experienciais e teóricas.

A famigerada experiência do personagem, durante a qual os executivos têm a chance de passar parte do dia como um dos famosos personagens da Disney devidamente caracterizados (pense no Tigrão), é um belo exemplo de envolvimento. O que poderia ser mais impactante do que vestir uma fantasia peluda suada, enfiar na cabeça um capacete em forma de cabeça de tigre e sair andando com dificuldade no meio de uma massa de ávidos convidados, todos determinados a tirar uma foto ou conseguir um autógrafo? Em poucos instantes os executivos veem a realidade das linhas de frente. Mike potencializou a técnica de Walt usando recursos visuais, acessórios e *storyboards* para a apresentação de ideias. Mike acrescenta:

– Criamos programas com o seguinte pensamento em mente: Se você pudesse se sentar e conversar com Walt, o que você ouviria?

O Disney Dimensions tomou por base modelos consagrados para criar um seminário executivo atraente, memorável e útil. Vinte e cinco executivos, representando cada unidade de negócios da empresa, participaram do Disney Dimensions. Esses executivos-seniores de divisões como parques e resorts, produtos de consumo, imagineering (*imaginheiros*), estúdios e, ocasionalmente, da ESPN e da ABC, de propriedade da Disney, também contribuíram com um variado mix de experiência Disney. Alguns executivos eram novos na empresa, ao passo que outros estavam na Disney havia vários anos. Cada participante, selecionado pessoalmente por Michael e Frank, sabia a importância do Disney Dimensions e o apoio existente por trás do programa.

Carol acrescenta:

– Eles passaram sete dias inteiros conosco e nós lhes apresentamos a experiência Disney completa. Eles participaram de visitas de familiarização aos nossos parques e resorts na Califórnia e na Flórida e também de sessões interativas nos estúdios e na divisão Imagineering. Pedimos que eles analisassem estudos de casos – fizemos que eles falassem. Essencialmente, nós lhes proporcionamos oportunidade de contato com cada unidade de negócios da empresa e chances de solucionar os problemas uns dos outros.

A Pequena Sereia volta à tona

Houve inclusive um dia durante a semana no qual foram examinadas as oportunidades perdidas de merchandising de *A Pequena Sereia*. Especialistas em mercado varejista da área de produtos de consumo foram chamados a compartilhar dados de pesquisas com os executivos. As oportunidades perdidas com *A Pequena Sereia* em decorrência da falta de comunicação e de um conhecimento mais aprofundado do mercado tornaram-se bastante claras para todos.

– Quando os especialistas da área de produtos de consumo explicaram os "padrões de uso" das bonecas da sereia pelas meninas, padrões que os roteiristas e os responsáveis pela comercialização do filme desconheciam, todos os executivos presentes tiveram a mesma reação: "Percebam a oportunidade que perdemos", conta Carol.

A importância do envolvimento de uma equipe mais diversificada, ainda nas fases iniciais de desenvolvimento do roteiro, passou a ser um dos muitos aspectos apreendidos pelos participantes do Disney Dimensions.

O enorme aumento do volume de vendas de mercadorias para os filmes subsequentes, como *A Bela e a Fera* e *O Rei Leão*, é o testemunho do poder do melhor nível de comunicação e da sinergia que o Disney Dimensions ajudou a estimular.

A experiência do sinal verde

A equipe da Disney University manteve vivo o mantra "simples, agradável e memorável" de Van com um exercício chamado Experiência do Sinal Verde. O exercício teve uma repercussão particularmente positiva perante todos os participantes, pelo fato de a expressão "sinal verde" ter profundas raízes na indústria cinematográfica. O exercício trouxe à tona os desafios que cada participante do programa Disney Dimensions enfrentava em sua própria divisão. Dar-lhes o sinal verde para um projeto significa conceder-lhes a aprovação final. Como todos os participantes estavam no nível de vice-presidência ou acima dele, eles conheciam intimamente a imensa complexidade e a pressão que acompanham a aprovação de projetos de tal importância. Somada à complexidade de qualquer decisão desse porte, no que diz respeito a fazer ou não fazer algo, está a inevitável crítica à decisão final: é impossível agradar a todos.

De acordo com Bob:

– Queremos que realmente haja uma conexão entre os participantes do Disney Dimensions, por isso criamos uma série de exercícios experienciais. Nosso objetivo é manter o programa relevante, não teórico, tornando-o, ao mesmo tempo, divertido. Vários membros da equipe aprenderam isso com Van, e nós estamos determinados a empregar sua abordagem.

O programa estava estruturado de maneira que os objetivos vitais sempre fossem reforçados para cada participante:

– Os benefícios de utilizar o conhecimento coletivo existente na empresa.

– O valor de um maior nível de comunicação e colaboração entre as divisões da empresa.

No início da Experiência do Sinal Verde, todos os participantes receberam dois roteiros de filmes diferentes para avaliar, e foram instruídos a decidir a qual dos dois dariam o sinal verde. Embora a decisão deles não fosse além da sala de aula, os participantes se engajaram entusiasticamente na tarefa.

Um fato não divulgado aos participantes quando eles receberam os roteiros foi que um deles já havia recebido sinal verde dos Estúdios Disney e logo entraria em fase de produção.

No dia seguinte, durante a fase de debriefing do exercício, o executivo responsável pela produção de filmes nos Estúdios Disney pediu aos participantes que revelassem o roteiro que havia sido selecionado e apresentassem o fundamento lógico de sua decisão.

Após essa breve discussão, os participantes tomaram conhecimento dos planos reais de produção para o roteiro que já havia recebido sinal verde dos Estúdios Disney. Além disso, os executivos das áreas de marketing, distribuição, assuntos jurídicos e produção compartilharam detalhes sobre suas funções no processo de sinal verde.

– Esse exercício foi ótimo na medida em que ajudou nossos executivos a entender a maneira como os projetos de filmes se desenvolvem e o vasto número de variáveis que influenciam a decisão de dar o sinal verde, desde o aspecto criativo até os resultados comerciais pretendidos – diz Carol.

Os executivos-seniores que participaram como apresentadores e facilitadores do Disney Dimensions contribuíram com um sentido vital de credibilidade e urgência para o programa.

Carol acrescenta:

– Quando o presidente do conselho de administração dos Estúdios Disney, Dick Cook, se senta com o grupo para discutir a atividade de produção e distribuição de filmes, todos ouvem.

Dick, que foi de vital importância na criação da altamente bem-sucedida franquia do filme *Piratas do Caribe* e na aquisição da Marvel Entertainment, tinha ampla experiência no processo de sinal de verde.

Embora tenha passado a maior parte de seus 38 anos de carreira nos Estúdios Disney, Dick começou na Disneylândia como anfitrião de atrações no Monorail e na Estrada de Ferro da Disneylândia. Sua experiência de treinamento na Disneylândia influenciou muito sua abordagem de liderança nos Estúdios Disney. Ele explica:

– Conheci Van France por ocasião do meu programa de orientação como novo contratado. O treinamento era ministrado por um novo treinador da Disney University que estava tendo alguma dificuldade. Era seu primeiro dia conduzindo a orientação e ele estava apavorado. Van passou o dia todo ajudando esse moço; ele intervinha e o orientava. Somente ao fim da sessão descobrimos quem ele era. Que sujeito modesto e prestativo! Durante a minha carreira na empresa, eu sempre pensava em Van; ele também não era suficientemente importante para participar.[5]

Todos se tornam *imaginheiros*

Em outro exercício igualmente interessante na Walt Disney Imagineering, os executivos participaram de uma sessão de *brainstorming* de projetos para uma atração de um parque temático. Marty Sklar, o vice-presidente do Conselho de Administração da Walt Disney Imagineering, se recorda:

– Incumbi a equipe da Walt Disney Imagineering de liderar essas equipes de executivos durante o processo criativo e colaborativo de projetar uma nova atração para um parque temático. Nós os dividimos em grupos de quatro pessoas, designamos um *imaginheiro* para cada equipe e lhes demos 90 minutos para executar a tarefa.[6]

À medida que cada equipe orgulhosamente divulgava seus conceitos para a nova atração, Marty e sua equipe da divisão Imagineering as envolviam em debates sobre seus respectivos processos de criação: O que havia determinado a decisão de cada uma delas? Elas haviam explorado plenamente a sabedoria de todos no grupo?

Os exercícios de equipe da Experiência do Sinal Verde e da Walt Disney Imagineering acabaram se tornando veículos para que os participantes discutissem questões específicas da empresa em um ambiente isento de riscos. Por mais tênue que possa parecer, esse simples ato de comunicação ajudou a melhorar a confiança e aumentar o nível de conscientização em relação à sabedoria coletiva, inerente a todas as unidades de negócios.

Além disso, esses exercícios reforçaram a necessidade de os executivos perpetuarem a comunicação e a sinergia desenvolvida durante a semana em que participaram do Disney Dimensions. A saúde da empresa estava em risco. Um sucesso de bilheteria cria diversas oportunidades de sinergia entre os produtos de consumo (vídeos, bonecas, fantasias, brinquedos, jogos eletrônicos etc.) e as atrações e desfiles apresentados na Disney Parks and Resorts. Além disso, os filmes de sucesso podem levar à produção de grandiosos musicais e à criação de áreas inteiras ("terras") nos parques temáticos.

O inverso também ocorre. Uma atração extremamente bem-sucedida dos parques temáticos pode servir de catalisador para filmes de ação. Um exemplo dessa sinergia é a eternamente popular atração dos Piratas do Caribe, inaugurada na Disneylândia em 1967. Décadas após sua estreia, essa atração deu origem à imensamente bem-sucedida série de filmes de longa-metragem *Piratas do Caribe* e a uma nova torrente de produtos de consumo, baseados no tema.

Os executivos percorrem o parque

Os silos de comunicação nos Estúdios Disney eram muito parecidos com o descompasso existente entre as equipes de manutenção e operações do parque que Van descobrira muitos anos antes durante uma das muitas vezes que circulou pelo parque. Os desafios que Van e seu treinamento original enfrentaram eram semelhantes aos de agora; a equipe da Disney University no estúdio sabia que precisava reduzir as barreiras entre as unidades operacionais para melhorar a comunicação e, consequentemente, os resultados da empresa. A equipe utilizava todas as oportunidades disponíveis para demonstrar o papel que cada unidade de negócios desempenhava no espetáculo Disney como um todo.

Além das atividades realizadas nos Estúdios Disney e na Walt Disney Imagineering, os participantes do Disney Dimensions tiveram contato com as culturas únicas da ESPN e da Disney Parks and Resorts. Durante toda a semana, a equipe da Disney University se esmerou para reforçar a estratégia fundamental da Disney Parks and Resorts de oferecer aos seus convidados, os treinandos do Disney Dimensions, um serviço excepcional de atendimento ao cliente – um bom espetáculo. Por exemplo, de acordo com Bob:

– Cuidamos de tudo para que os participantes pudessem se concentrar no programa. Além disso, usamos todas as oportunidades possíveis para lhes mostrar a importância do serviço de atendimento ao cliente, do trabalho em equipe e do Estilo Disney.

O Disney Dimensions incluía visitas de familiarização aos parques e resorts na Califórnia e na Flórida, e nos dias de viagem a equipe da Disney University cuidava de todos os detalhes logísticos. Bob prossegue:

– Cuidávamos de sua bagagem e inspecionávamos a limpeza nos quartos dos hotéis. Toda noite durante o jantar, colocávamos bilhetes ao lado do prato de sobremesas lembrando-os de quaisquer "deveres de casa" que eles precisassem fazer e apresentávamos um panorama geral das atividades do dia seguinte. Tínhamos o cuidado até de entregar sua bagagem no quarto respectivo.

A bagagem não era simplesmente deixada no chão na entrada do quarto, mas colocada ao pé de cada cama.

A equipe da Disney University tinha o cuidado de criar uma experiência memorável para os convidados (treinandos). Indo um pouco além, a equipe colocava produtos de consumo nos quartos como suvenires, – CDs de música, DVDs de filmes a ser lançados, novos materiais de marketing etc. Isso reforçava o valor da surpresa para o convidado e servia para lembrar aos participantes o poder da mercadoria bem colocada.

A equipe da Disney University discutia os principais pontos de aprendizado com os participantes após toda e qualquer atividade; a semana toda funcionava como um laboratório vivo.

À medida que a popularidade do Disney Dimensions crescia, os executivos-seniores que apresentavam uma visão geral de suas divisões aos participantes começaram a envolvê-los na solução de desafios reais da empresa. Não era incomum ver um apresentador usar o programa como fórum para a resolução de problemas, desafiando os participantes com a pergunta: Esse é um problema que estamos enfrentando na minha divisão. Alguém tem alguma sugestão?

Disney Dimensions e as Quatro Circunstâncias

O Disney Dimensions captou a essência de um evento educacional inspirado em Van France. Informou. Envolveu. Divertiu. Alcançou seus objetivos comerciais. Esse programa de liderança desfrutava os benefícios de cada uma das Quatro Circunstâncias identificadas por Van como cruciais para o sucesso da Disney University:

– **Inovar**. O formato do programa, com vários dias de duração e ministrado em diversos locais, permitia que os participantes tivessem contato com todas as áreas da empresa. Até então, a maioria dos executivos não havia se aventurado além da sua própria área de conhecimento.

– **Apoiar**. O Disney Dimensions recebeu manifesto de apoio entusiasmado da alta gerência. Michael Eisner e Frank Wells participavam da seleção dos participantes e não hesitavam em propagar seus méritos. Dick Cook e Marty Sklar participavam ativamente fazendo apresentações e envolvendo os participantes durante as sessões de *brainstorming*.

– **Educar**. A combinação de participantes de nível executivo de cada divisão operacional em um ambiente único e interativo criava um fórum em que os participantes ensinavam uns aos outros.

– **Entreter**. A equipe da Disney University se manteve fiel ao modelo de Van. Todo treinamento é uma oportunidade para ser criativo e interessante, e não o contrário (maçante e acadêmico).

O orçamento, a equipe e o tempo necessários para produzir algo exatamente igual a esse tipo de programa poderiam muito bem estar fora do alcance de algumas empresas. Entretanto, atividades experienciais de laboratório vivo que levam a avançados níveis de colaboração multifuncional e a um processo criativo de solução de problemas são objetivos que valem a pena para qualquer empresa. O preço da admissão nesse tipo de programa é basicamente um ambiente de confiança.

O telefonema de Frank Wells confirmou tudo que a equipe da Disney University tanto se empenhara para alcançar. Entretanto, Carol é a primeira a ressaltar que o programa não elimina os silos. Esse nunca foi o objetivo. Aliás, até certo ponto, Frank e Michael queriam manter um clima de tensão criativa entre as unidades operacionais para incentivar um sentido de competição. De acordo com Carol:

– Não projetamos o Disney Dimensions como um veículo que criasse uma grande e alegre família. Na verdade, nós sabíamos que certa dose de tensão resultaria em mais criatividade e melhores resultados comerciais.

Como treinandos e participantes de seminários, os executivo-seniores podem ser um público cíclico e desafiador. Criar interessantes oportunidades de aprendizado para grupos desse nível é um desafio elogiável.

Dick Cook acrescenta:

– Criar uma experiência educacional que atraia e motive um grupo de executivos-seniores hollywoodianos é uma árdua tarefa. Por que o Disney Dimensions funciona? Porque a Disney University e o treinamento na Disney são mais do que uma série de programas. É muito mais do que "algo a que todos aderem". É "algo que todos vivem". Desde meus primeiros dias na Disneylândia, eu via gerentes e executivos-seniores da empresa serem os primeiros a dar o exemplo. Isso cria uma enorme diferença. Eles não estavam acima da missão de participar dos treinamentos e de liderar pelo exemplo.[7] Dick trabalhou para garantir que essa mensagem de envolvimento fosse extensiva aos Estúdios Disney, onde ele apoiou e ajudou a facilitar inúmeros programas da Disney University. Ele prossegue:

– Todos nós dedicamos tempo e energia ao programa Disney Dimensions. Nós ajudávamos a elaborar a agenda e responsabilizávamos os participantes pelos resultados do programa e por participar.[8]

Praticamente toda definição do termo universidade contém alguma variação da descrição "uma instituição de aprendizado de nível superior". Em sua proposta original, Van France afirmou:

– A Disney University deve ser uma força pioneira, a primeira e mais importante instituição corporativa do mundo dedicada ao treinamento.[9]

Van incluiu um componente de desenvolvimento de liderança, argumentando:

– Precisamos desenvolver líderes que tenham conhecimento geral da complexa combinação de habilidades e profissões que fizeram do espetáculo da Disneylândia a maior atração de entretenimento do mundo.

Por meio do programa Disney Dimensions, a equipe da Disney University perpetuou o sonho de Van de oferecer mais do que um programa de orientação para novos funcionários.

Revisão da Lição

ALÉM DA ORIENTAÇÃO

Desenvolvimento executivo

Dos silos à sinergia

– A cultura empreendedora e altamente inovadora criada por Michael Eisner e Frank Wells nos Estúdios Disney teve uma consequência involuntária: os silos divisionais e de comunicação.

– Até mesmo uma equipe de estrelas precisa se comunicar e colaborar.

– A falta de comunicação e colaboração entre as unidades de negócios resultava na perda de oportunidades para a venda de produtos.

Desenvolvimento executivo ao estilo Van France

– O modelo de Van France para o treinamento e desenvolvimento de funcionários – entreter e educar – é eficaz em todos os níveis organizacionais.

– O Disney Dimensions atraiu os executivos-seniores, reduziu as barreiras interdepartamentais e gerou resultados comerciais tangíveis.

A experiência é mais eficaz do que a teoria

– A Experiência do Sinal Verde, o exercício "Todos se tornam um *imaginheiro*" e o estudo de caso *A Pequena Sereia* desafiavam os participantes com questões de negócios em tempo real.

– As visitas aos parques e resorts da Califórnia e da Flórida serviam como laboratórios para demonstrar e experienciar um serviço de atendimento ao cliente de classe mundial.

Aplicação das Quatro Circunstâncias de Van

Inovar – Apoiar – Educar – Entreter

Desenvolvimento executivo

De que maneira o desenvolvimento executivo é conduzido em sua empresa? Como as Quatro Circunstâncias de Van são utilizadas para reduzir os silos interdepartamentais e melhorar os níveis de colaboração e sinergia?

Dos silos à sinergia

– O que está sendo feito para envolver plenamente os executivos na colaboração entre todos os setores da empresa? Quem faz isso e com que frequência?

– Como essa estratégia poderia ser melhorada?

– Caso nada esteja sendo feito, qual a desculpa para a inatividade?

Toda empresa é um laboratório vivo

– De que maneira as questões de negócios em tempo real são utilizadas nos programas de treinamento e desenvolvimento?

– Existem exemplos de erros e acertos empresariais que possam ser transformados em estudos de caso para fins de desenvolvimento executivo?

– Os executivos de sua empresa avaliam abertamente os sucessos e fracassos dos negócios? Em caso negativo, o que impede que isso seja feito?

Treinamento, credibilidade e confiança

– Até que ponto sua equipe de treinamento e seu material educacional são dignos de crédito?

– De que maneira os líderes em sua empresa apoiam as iniciativas de treinamento?

– O que sua equipe de treinamento pode fazer para gerar mais receptividade e confiança em seus ambientes de aprendizado?

– O que precisa ser feito em sua empresa para promover e perpetuar o desenvolvimento executivo?

NOTAS

1. Entrevistas com Dianna Stark, gerente de Treinamento Operacional aposentada, Disneylândia de Tóquio, 20 e 25 de julho e 26 de outubro de 2012; *Gentlemen, this is a guest!*, programa de treinamento gerencial da Disneylândia.
2. Entrevistas com Carol Davis-Fernald, vice-presidente aposentada de Recursos Humanos e Iniciativas de Funcionários, The Walt Disney Company, 16 e 24 de junho e 15 de setembro de 2012.
3. Entrevistas com Bob De Nayer, diretor de Relações Humanas aposentado, The Walt Disney Company, 12 de junho, 14 de agosto e 16 de setembro de 2012.
4. Entrevista com Mike Vance, diretor aposentado, Desenvolvimento de Ideias e Pessoas, The Walt Disney Studios, 02 de outubro de 2012.
5. Entrevista com Dick Cook, presidente aposentado do Conselho de Administração, The Walt Disney Studios, 01 de outubro de 2012.
6. Entrevista com Marty Sklar, vice-presidente aposentado do conselho de administração e executivo principal de criação da Walt Disney Imagineering (WDI), 15 de agosto de 2012.
7. Entrevista com Dick Cook, presidente aposentado do Conselho de Administração, The Walt Disney Studios, 01 de outubro de 2012.
8. Entrevista com Dick Cook, presidente aposentado do Conselho de Administração, The Walt Disney Studios, 01 de outubro de 2012.
9. Entrevista com Dave Smith, diretor-arquivista emérito, Walt Disney Archives, 16 de junho de 2012.

Lição 10

A LINGUAGEM DO SUCESSO

A criação de uma cultura da alegria

[Durante toda a minha carreira], constatei que a maioria das pessoas quer participar de algo maior do que apenas ser paga para fazer um serviço. A minha história básica é sobre dois homens que estão assentando tijolos. Quando perguntado sobre o que está fazendo, um dos homens diz: "Estou assentando tijolos". O outro, que está executando a mesma tarefa, diz: "Estou construindo uma catedral".[1]

– Van France

SALA DE CONFERÊNCIAS DA DISNEY UNIVERSITY, 1981.

Sentado lá na frente da sala, Van exibe o familiar brilho nos olhos. Com blocos de anotações nas mãos, seu público tem sede de aprender. Como único palestrante na agenda, Van sabe que seu objetivo é claro: todos os participantes sairão dessa sessão conhecendo a magia da Disneylândia.

Sua estratégia é simples; afinal, ele sempre dá importância à simplicidade sobre a complexidade. Van compartilhará suas ideias sobre os segredos existentes por trás de um dos destinos mais famosos do mundo. Por meio dessa apresentação, "O espírito da Disneylândia", Van vai revelar a esse novo público o segredo mais valioso: a cultura Disney de colocar as pessoas em primeiro lugar.

Há muita coisa em risco, e Van está determinado a levar esse grupo muito além de educados acenos de cabeça; ele quer uma adesão entusiasmada. Os participantes são gerentes da empresa japonesa que está financiando e será a proprietária do primeiro parque temático internacional da Disney, a Disneylândia de Tóquio. Incumbido de carregar a tocha da excelência Disney para o Japão, cada gerente está nos Estados Unidos para um extenso programa de treinamento e orientação. Com uma permanência média de seis meses, eles têm a incumbência de aprender o máximo possível sobre a operação de um parque temático – ao estilo Disney. A Disneylândia de Tóquio está prevista para ser inaugurada dentro de menos de dois anos, portanto, tempo é essencial.[2]

Apesar da exiguidade de tempo, Van quer que esses gerentes assimilem não apenas o ABC das operações do parque, mas a verdadeira essência do que faz da Disneylândia um lugar maravilhoso. Em sua breve lição de história, serão infundidos os valores que ele aprendeu com Walt Disney muito antes, valores que, comprovadamente, enriquecem a experiência de funcionários e convidados.

Embora tendo conduzido diversas versões dessa apresentação inúmeras vezes no decorrer dos anos, Van ainda transpira um entusiasmo jovial. A determinação em sua voz é tão forte quanto deve ter sido décadas antes, no dia em que ele e seu então assistente Dick Nunis revelaram a Roy Disney o primeiro programa de orientação da Disney.

Levantando-se de sua cadeira, Van anda de um lado para o outro lá na frente. Aproveitando o tempo, ele perscruta a plateia, fazendo contato visual direto com cada participante. Ele inicia a palestra.

– É preciso haver qualidade em tudo que fazemos. Isso não se aplica apenas à manutenção e à construção.[3]

Van faz uma pausa suficientemente longa para que sua mensagem seja assimilada, e também para dar tempo aos intérpretes para transmitir sua mensagem aos presentes de língua japonesa.

Prosseguindo, ele diz:

– A qualidade é essencial quando se trata de cortesia com o convidado, produção teatral e todas as nossas atividades de bastidores e de palco.

Van reforça essa declaração com sua importante mensagem sobre a criação de um ambiente respeitoso:

– O programa de orientação da Disneylândia foi criado inicialmente com o objetivo de "tirar a subserviência das funções de serviço".

No programa, foram elaborados determinados termos que passaram a ser copiados no mundo inteiro.

Van prossegue:

– E, como dificilmente alguém, a não ser Walt Disney, sabia o que viria a ser a Disneylândia, tivemos de criar um senso de história usando as tradições dos filmes como base para as funções do parque.[4]

– "Não temos 'clientes'; temos 'convidados'."

– "Não somos 'funcionários'; somos 'anfitriões', 'anfitriãs' e 'membros do elenco'."

– "Não usamos 'uniformes'; usamos 'figurinos'."

– "Não temos 'multidões'; temos um 'público'."[5]

– Na Disneylândia, eu queria que as pessoas se sentissem envolvidas em algo mais importante do que estacionar carros, servir refeições ou varrer as pipocas caídas no chão; eu queria que elas sentissem que estavam proporcionando alegria às pessoas.[6]

De funcionário a membro do elenco; de cliente a convidado

Desde o primeiro programa de orientação da Disneylândia criado por Van e Dick Nunis em 1955, a mensagem de Van era a mesma: incutir nos funcionários um sentido de orgulho pelo lugar em que eles trabalham e pelas funções que eles exercem. Van estava determinado a fazer da Disneylândia um lugar onde clientes e funcionários vivenciassem um serviço sem igual. Ele sabia que seria impossível proporcionar alegria se os funcionários não se sentissem respeitados e satisfeitos com o que estavam fazendo, independente das funções de cada um.

Uma das estratégias de Van consistia na criação de uma linguagem inteiramente nova na Disneylândia, que fortaleceria a dignidade de cada função no parque. Walt Disney ditou originalmente o tom ao lançar o conceito da Disneylândia: não era um parque de diversões; era um *parque temático*.

A Disneylândia é um enorme palco; Van potencializou essa condição introduzindo termos próprios do setor de entretenimento. Ele argumentava que um novo vocabulário, combinado a sólidos valores organizacionais, poderia ajudar a trazer orgulho e energia para o ofício. E essa nova linguagem não se limitava aos funcionários do parque; Van mudou também os termos usados para se referir aos clientes. Consequentemente, os funcionários passaram a ser *anfitriões*, *anfitriãs* e *membros do elenco*. Os clientes passaram a ser *convidados*, e o controle de público passou a ser *controle de convidados*. No decorrer dos anos, o vocabulário do setor de entretenimento se desenvolveu paralelamente à qualidade do show. Assim, acabou surgindo dessa abordagem um conjunto de termos poderosos que refletem a essência do sucesso sustentado da Disney:

- Bom espetáculo/mau espetáculo

- Palco/bastidores

E o mais importante é que esses termos englobam valores encontrados em toda a empresa. Van e os pioneiros da Disney University tinham plena consciência de sua tarefa; criar uma nova cultura organizacional baseada no respeito pelos clientes e funcionários envolve muito mais do que o hábil uso do léxico.

Mais do que uma camada de tinta

As pessoas que compram produtos e serviços são *clientes*, *pacientes*, *estudantes*, *residentes* ou *convidados*?

As pessoas que trabalham em uma empresa são *associados*, *membros de uma equipe*, *parceiros*, *funcionários* ou *membros de um elenco*?

A simples mudança dos substantivos ou dos verbos não garante um serviço de atendimento ao cliente de classe mundial nem cria uma força de trabalho motivada e comprometida.

Igualmente absurda é a noção de que a mera aplicação de uma camada de tinta a uma casa depredada e em mau estado de conservação vai deixá-la em perfeitas condições. Assim como a tinta não será capaz de melhorar a integridade estrutural de um prédio, termos apelativos usados para designar clientes e funcionários não têm nenhum valor sem o apoio da liderança.

Entretanto, o debate sobre a melhor forma de designação de clientes e funcionários consome tempo, energia e recursos valiosos nas empresas que enfrentam questões mais onerosas. Para essas empresas, a avaliação e o esclarecimento dos valores organizacionais são precursores de melhorias futuras.

Uma cultura de ações e palavras

Walt Disney pesquisou seus concorrentes bem antes de construir a Disneylândia e constatou que todos tinham algo em comum: a falta de higiene. A partir desse momento, ele divulgou que a Disneylândia e seus funcionários seriam um modelo de limpeza. O desejo de Walt de manter a Disneylândia sempre limpa, insistindo que "as ruas seriam tão limpas que se poderia lamber o chão", continua sendo um dos fundamentos de seu sucesso e uma pedra angular da cultura da Disney.[7]

Quando os funcionários recém-contratados dos parques e resorts da Disney veem gerentes e executivos se curvarem para juntar lixo do chão, a mensagem é clara: "O que nos foi ensinado na Disney University realmente acontece; eu acredito". Os valores incutidos por Walt e perpetuados por Van se refletem nas ações diárias dos membros do elenco em todos os níveis organizacionais.

A descrição de Ron Pogue dos termos "trabalho em equipe" e "espetáculo" indica como as palavras ganham vida:

– Por meio de nossos esforços de treinamento, tanto na Disney University quanto nas operações do parque, incutimos um sentido de trabalho em equipe, reforçando constantemente nossas convicções básicas de criar um "bom espetáculo". Por exemplo, todos os supervisores e gerentes põem a mão na massa quando o parque está cheio. Em dias de pico, os gerentes limpam as mesas e instalam pedestais organizadores de fila nas áreas de acesso às atrações, no intuito de ajudar a manter a ordem no controle de convidados.

Quando é preciso haver controle de convidados por ocasião de desfiles e eventos especiais, todos ajudam. Os membros do elenco das áreas de serviços de alimentação e venda de produtos auxiliam a equipe de operações. Ron prossegue:

– Isso faz com que todos os membros do elenco se sintam parte de uma equipe com igual nível de reconhecimento e responsabilidade.[8]

Criar uma cultura em que ações e palavras transmitam a mesma mensagem pode significar também uma cultura de brutal fidelidade. A mensagem de Walt e Van de que o orgulho, o trabalho em equipe e a limpeza do parque são indicadores da saúde organizacional se estende a todas as instalações da Disney, e não existem desculpas para não alcançar o padrão estabelecido.

Jim Cora, presidente aposentado do conselho de administração da Disneyland International, transpira a franqueza pragmática proveniente de décadas de convivência e promoção da cultura de trabalho em equipe, orgulho e bom espetáculo da Disney:

– Recentemente, recebi um e-mail de um gerente da Disneylândia de Paris. Ele se queixava de que o pessoal da limpeza, antes de entrar em greve e pouco antes que o parque abrisse naquela manhã, havia despejado o lixo das lixeiras na Rua Principal. Eu lhe respondi com a seguinte pergunta: "Por que as lixeiras estavam cheias?".[9]

A autonomia da pipoca

Imagine a seguinte situação em frente à atração conhecida como "Pequeno Mundo":

Timothy, um membro do elenco da limpeza, se movimenta apressadamente, varrendo o lixo do chão, quando ouve uma criança chorando. Abrindo caminho entre os convidados que convergem para o ponto de origem do tumulto, Timothy percebe o problema. Um menininho se debulhando em lágrimas, olhando fixamente para o chão, bate os pés, aborrecido. A caixa vazia de pipoca e os grãos espalhados pelo chão dizem tudo. Para piorar ainda mais as coisas, o pai do menino o repreende por sua falta de cuidado. Esse definitivamente não é o "Lugar mais alegre da Terra" para o menino, para o pai ou para o grande número de convidados que assistem ao desenrolar da cena.

Em instantes, Timothy aparece ao lado do menino, ajoelha-se e diz:

– Sinto muito pelo que aconteceu com sua pipoca.

Instantaneamente, duas coisas acontecem: o pai para de berrar e a criança, quase atônita pelo comentário, responde com um aceno de cabeça e para de chorar. Timothy prossegue dizendo:

– O Mickey Mouse me disse que viu você deixar a pipoca cair e sabe que agora você está muito triste.

Após uma breve pausa para deixar que sua mensagem fosse assimilada, Timothy continua:

– E o Mickey Mouse quer saber se você gostaria de ganhar esta caixona novinha de pipoca.

Como que, por encanto, uma caixa de pipoca surge de trás das costas de Timothy.

"Profundo" está longe de descrever o impacto dessa interação na criança, em seu pai e nos muitos convidados que se aglomeravam no local. Timothy está igualmente nas nuvens.

Infelizmente, algumas empresas parecem determinadas a enfraquecer com políticas restritivas a confiança, o moral e a eficácia dos funcionários em todos os níveis da hierarquia de comando. Muitas empresas passam mais tempo preocupadas com o custo da pipoca do que criando uma cultura que promova a unidade e o moral da equipe.

Dar as coisas de graça certamente não é a solução para todos os problemas. É bem provável que uma empresa que corrige problemas distribuindo gratuitamente (cortesia) produtos e serviços esteja sujeita a enfrentar questões mais fundamentais. Até mesmo as empresas com os melhores produtos e os mais rígidos padrões de serviço devem estar preparadas para as eventuais reclamações e solicitações dos clientes. Muito poucas, porém, são as que estão bem preparadas. A famosa frase "Tenho de perguntar ao meu supervisor" reflete o triste estado da saúde organizacional para as legiões de funcionários e seus clientes insatisfeitos:

– Os possíveis problemas não são discutidos.

– As estratégias de resolução não são levadas em consideração.

– Não é depositada a devida confiança nos funcionários.

A equipe da Disney University e as equipes de operações responsáveis pelo funcionamento dos parques temáticos e resorts são implacáveis ao considerar os possíveis problemas e sua resolução. "O que fazemos quando as operações não transcorrem como manda o figurino?" Os membros do elenco e seus gerentes avaliam constantemente, e até simulam, os problemas dos convidados e as respectivas estratégias de resolução. No exemplo acima, Timothy, sem dúvida, treinou sua abordagem muito antes de colocá-la em prática. O hábil uso de sua linguagem corporal (o ato de se ajoelhar), seu tom de voz e a referência estratégica ao Mickey Mouse acalmaram instantaneamente a aflita criança.

O custo de uma caixa de pipoca para a Disney é de apenas alguns centavos, mas a mensagem transmitida aos convidados e membros do elenco vale o peso da pipoca em ouro:

– *As ações falam mais alto do que as palavras.* "Nós realmente cuidamos da sua alegria."

– *Confiança*. Os membros do elenco têm autonomia para resolver os problemas mais corriqueiros.

O episódio da autonomia da pipoca personifica uma cultura organizacional criada de forma criteriosa e metódica. A estratégia de solução de problemas de Timothy é apenas um exemplo de bom espetáculo no palco.

O elenco

A estratégia da Disney para criar bom espetáculo e hospitalidade é um longo processo que começa muito antes que o membro do elenco tenha qualquer contato com a Disney University. Aliás, o espetáculo para os eventuais membros do elenco tem início com o processo de recrutamento, muito antes de eles serem contratados.[10]

Como são redigidos os anúncios de recrutamento? Eles refletem a cultura e o produto da empresa e são informativos? Onde fica o escritório de recrutamento, em um prédio visível e bem projetado ou em um porão escondido?

O show continua com o processo de contratação: solicitações e entrevistas de emprego. Thor Degelmann dá um exemplo específico de seu trabalho na França:

– Antes da inauguração da Disneylândia de Paris, tivemos de contratar 12 mil pessoas em seis meses. Queríamos nos assegurar de que teríamos condições de recrutar e entrevistar um enorme número de pessoas de forma ordenada e eficiente que refletisse também a visão de simpatia, limpeza e bom espetáculo de Walt. Por isso, tratamos o escritório de recrutamento como se fosse uma grande atração de alta capacidade em um de nossos parques temáticos.[11] O modelo operacional da Disney – segurança, cortesia, show e eficiência – funciona tão bem em um ambiente administrativo quanto em um parque temático.

Percebendo que a maioria dos candidatos provavelmente não estava familiarizada com as funções desempenhadas no singular ambiente de trabalho de um parque temático, a equipe apresentou soluções criativas. Thor prossegue:

– Instalamos telas de TV para a exibição de vídeos de membros do elenco desempenhando diversas funções em nosso parque. Decoramos com motivos temáticos a área da fila, reproduzindo um divertido ambiente *Disney*.

A equipe de recrutamento criou um ambiente que divertia e educava ao mesmo tempo.

A realização da primeira e da segunda rodadas de entrevistas no mesmo dia eliminava a necessidade de os candidatos retornarem diversas vezes para entrevistas de acompanhamento. A criação de um ambiente de recrutamento divertido e eficiente refletia precisamente o ambiente de trabalho e a cultura da Disneylândia de Paris, além de promover um processo há muito patrocinado por Van France.

Embora Van acreditasse na eficácia dos programas da Disney University, ele conhecia o papel vital do processo de contratação como forma de garantir a qualidade. Nunca dado a meias palavras, Van declarava:

– Antes de investir tempo e dinheiro no treinamento e na orientação dos novos contratados, precisamos nos assegurar de que estamos contratando as pessoas certas. Antes de contratar as pessoas, precisamos ser claros em relação ao serviço; esclarecer para os entrevistados as "realidades do ofício".[12]

As pessoas em primeiro lugar

Um linguajar peculiar, crachás identificando apenas o primeiro nome das pessoas, figurinos caprichados e prédios com fachadas sofisticadas nada significam se não tiverem por base o respeito pelas pessoas. Uma das frases mais famosas de Walt Disney esclarece esse valor: "Você pode sonhar, criar, projetar e construir o lugar mais maravilhoso do mundo, mas é preciso pessoas para tornar o sonho realidade".[13]

Ron Miller, ex-presidente e CEO, expressa um entendimento pessoal:

– Walt se preocupava muito em manter contato e buscar o compromisso das pessoas.

O peculiar relacionamento de Ron com Walt criou inúmeras oportunidades para a adoção dos valores de Walt em primeira mão. Além dos anos em que os dois trabalharam juntos, Walt era sogro de Ron. Logo que se casaram, Ron e Diane (Disney) foram morar com Walt e sua esposa, Lillian.

Ron prossegue:

– Eu gostava de ler a página de esportes durante o café da manhã. Eu me sentava lá com o nariz enterrado no jornal, enquanto todos comiam e conversavam. Essa minha atitude deixava Walt frustrado. Ele começava a tamborilar os dedos sobre a mesa e dizia: "Como você pode se concentrar no jornal quando há pessoas sentadas em torno da mesma mesa?".[14] O contato pessoal que Walt incentivava durante os cafés em família se estendia ao seu estilo de trabalho.

Ron e o popular ator mirim Kevin Corcoran trabalharam juntos no filme *Meu melhor companheiro* (Old Yeller), Ron como segundo assistente de direção e Kevin estrelando como uma das crianças precoces. Durante a carreira de Kevin nas décadas de 1950 e 1960, os estúdios cinematográficos detinham direitos de propriedade sobre os contratos dos atores. Essa modalidade de contrato entre os estúdios e os atores, embora não mais praticada, é semelhante àquela adotada nos esportes profissionais contemporâneos, em que as equipes detêm a propriedade dos contratos de seus atletas durante determinado período. Os atores em regime de contrato poderiam participar de vários filmes para um único estúdio. Consequentemente, os atores passavam a ser uma extensão da cultura daquele estúdio. Kevin, que apareceu em muitos outros filmes da Disney, dentre os quais A Família Robinson e Pollyanna, vivenciou diretamente a dedicação de Walt aos valores familiares.

– Meu pai faleceu quando eu tinha 9 anos e estava no meio das filmagens de *Soltando os cachorros*. Fiquei arrasado, não conseguia me lembrar do meu texto e, para completar, havia a pressão da iminente renovação do meu contrato. Cientes de meus problemas, Walt e os executivos dos Estúdios Disney refizeram todo o cronograma das filmagens para atender às minhas necessidades. Mas, apesar disso, eu estava emocionalmente destroçado.

Naquela época, nós tínhamos aula nas instalações dos Estúdios Disney. Um dia, meu professor se aproximou de mim durante o intervalo e me disse que Walt queria falar comigo. Eu então corri até o escritório de Walt no terceiro andar do Prédio da Animação. Ele me disse:

– Lamento pelo seu pai. Sei que deve estar sendo difícil para você.

Consolador, Walt, então, perguntou:

– Você continua se divertindo? Se não, você não precisa continuar fazendo isso.

Eu lhe disse que estava tendo dificuldade, mas que ficaria bem se tivesse um pouco de tempo para me recuperar da morte de meu pai.

Eu já tinha um bom relacionamento com Walt; ele visitava com frequência o estúdio de som e os cenários dos filmes. Além disso, eu o acompanhava durante os eventos especiais na Disneylândia. Walt conseguia "decifrar" as pessoas e demonstrava grande empatia; eu precisava de uma luva de veludo, não de uma mão de ferro, e ele sabia disso. Mas o que Walt fez em seguida me inspirou na época e continua me inspirando hoje. Eu me comprometi a concluir o serviço. Walt, então, de maneira profissional, porém paternal, sorriu, estendeu a mão e disse:

– De homem para homem, vamos selar esse acordo com um aperto de mãos.[15,16]

Kevin atribui grande parte de seu sucesso, tanto como ator mirim quanto como adulto, à cultura dos Estúdios Disney. Apesar do sucesso tão precoce em sua carreira, a vida de Kevin depois de trabalhar como ator foi isenta dos reveses profissionais frequentemente associados àqueles que alcançam o estrelato na infância. Embora fosse um ambiente envolvente, a equipe dos estúdios mantinha os jovens atores com os pés plantados no chão. Não eram tolerados estrelismos.

A Disney University reflete os mesmos valores que Ron e Kevin descrevem. Van e sua equipe pioneira criaram o veículo para compartilhar com milhões de pessoas a filosofia de Walt de oferecer um ambiente de respeito e alta qualidade. Em um manual de orientação criado para os anfitriões e anfitriãs, Walt escreve:

> *O que vocês fazem aqui e o modo como agem é muito importante para toda a nossa empresa. Somos mundialmente conhecidos por nossas atividades de entretenimento para toda a família. Aqui na Disneylândia, pela primeira vez oferecemos ao nosso público mundial um atendimento individualizado. Cada ação de vocês (e minha também) é um reflexo direto de toda a nossa empresa. Portanto, é de vital importância que tenhamos pleno conhecimento de nossas responsabilidades, particularmente a nossa responsabilidade pelo relacionamento com o convidado e por sua segurança.*[17]

"O espírito da Disneylândia", a apresentação de Van para os líderes japoneses da Disneylândia de Tóquio, tinha por objetivo garantir que a cultura iniciada por Walt Disney em um pequeno estúdio na Califórnia prosperasse a milhares de quilômetros de distância.

Revisão da lição

A LINGUAGEM DO SUCESSO

A criação de uma cultura da alegria

De funcionário a membro do elenco; de cliente a convidado

– Começando com a orientação original, o objetivo de Van sempre foi o mesmo: incutir um sentido de orgulho entre os funcionários.

– Criar construtores de catedrais a partir de pedreiros é uma transformação multifásica.

Mais do que uma camada de tinta

– A cultura criada pelo apoio da liderança e pelo respeito mútuo dá vida aos sofisticados termos membro do elenco, convidado, bom espetáculo, figurino, palco e bastidores.

– A atitude de todos juntarem lixo do chão reflete a cultura; ninguém está isento de pôr a mão na massa e ajudar.

A autonomia da pipoca

– Os membros do elenco têm autonomia para resolver os problemas mais corriqueiros.

– Os membros do elenco exercitam as técnicas destinadas a acalmar os ânimos dos convidados mais exaltados.

Escritório de recrutamento de elenco

– A criação de uma cultura de bom espetáculo entre os membros do elenco começa durante o processo de recrutamento e contratação.

– Os escritórios de recrutamento de elenco refletem a cultura dentro da qual os membros do elenco vão trabalhar: respeitosa, eficiente e divertida.

– O modelo "segurança, cortesia, show e eficiência" influenciou muito o projeto do escritório de recrutamento de elenco da Disneylândia de Paris.

Aplicação das Quatro Circunstâncias de Van

Inovar – Apoiar – Educar – Entreter

As pessoas em primeiro lugar

– Qual a cultura da sua empresa? De que maneira o respeito é transmitido aos funcionários e clientes? Eles sabem que são valorizados? Como as Quatro Circunstâncias de Van são utilizadas para transmitir sua cultura?

As palavras refletem a cultura

– Sua empresa utiliza palavras peculiares para identificar funcionários e clientes?

– A cultura de sua empresa apoia o uso dessas palavras?

– De que maneiras os valores organizacionais são refletidos nas palavras e ações?

– Qual destas frases serve de base para sua empresa: camadas de tinta nova ou construção de alicerce?

A autonomia da pipoca

– Até que ponto a solução de problemas é uma prioridade? Até que ponto seus funcionários têm autonomia?

– Caso a autonomia não seja uma prioridade, por que não o é?

– Os funcionários são suficientemente treinados e preparados para lidar com clientes difíceis e outros desafios?

– O treinamento pode ser melhorado?

Todo um processo

– Os escritórios de recrutamento de elenco da Disney expõem os candidatos a uma nova cultura. Que mensagem o seu processo de recrutamento transmite aos candidatos?

– Como o processo de recrutamento poderia ser melhorado (levando em consideração a segurança, a cortesia, o show e a eficiência)?

NOTAS

1. FRANCE, Van Arsdale. *Window on main street*, p. 21.
2. Entrevistas com Jim Cora, presidente aposentado do conselho de administração, Disneyland International, 08 de março, 09 e 14 de maio e 26 de julho de 2012.
3. Van France, programa de treinamento *The spirit of Disneyland* para os gerentes da Disneylândia de Tóquio, outubro de 1981.
4. Memorando de Van France, *An essay on traditions*. Entrevista com Bill Ross, vice-presidente-sênior de Relações Públicas, Walt Disney Parks and Resorts, 13 de outubro de 2012. Memorando de Van France para Bill Ross, ca. 1984.
5. Van France, programa de treinamento *The spirit of Disneyland* para os gerentes da Disneylândia de Tóquio, outubro de 1981.
6. FRANCE, Van Arsdale. *Window on main street*, p. 21.
7. FRANCE, Van Arsdale. *Window on main street*, p. 74.
8. Entrevistas com Ron Pogue, vice-presidente aposentado, Disneyland International e Walt Disney Attractions, Japão, 07, 09 e 14 de maio e 23 de outubro de 2012.
9. Entrevistas com Jim Cora, presidente aposentado do Conselho de Administração, Disneyland International, 08 de março, 09 e 14 de maio e 26 de julho de 2012.
10. Entrevistas com Tom Eastman, diretor-corporativo aposentado, Disney University, 29 de maio, 28 de julho e 08 de agosto de 2012.
11. Entrevistas com Thor Degelmann, vice-presidente aposentado de administração e RH, Disneyland Paris Resort, 07 de maio e 14 de junho de 2012.
12. Entrevistas com Bill Ross, vice-presidente-sênior de relações públicas, Walt Disney Parks and Resorts, 13 de outubro de 2012. Van France, 29 de agosto de 1985, memorando a Bill Ross.
13. Exposição. The Walt Disney Family Museum, 104 Montgomery Street, Presidio of San Francisco, CA 94129.
14. Entrevistas com Ron Miller, CEO aposentado, Walt Disney Productions, 09 de julho e 19 de setembro de 2012.
15. Conversa sobre Old Yeller com Ron Miller e o ator Kevin Corcoran, Walt Disney Family Museum, 104 Montgomery Street, Presidio of San Francisco, CA 94129, 22 de setembro de 2012.
16. Entrevista com Kevin Corcoran, 10 de outubro de 2012.
17. Entrevista com Dave Smith, diretor-arquivista emérito da Walt Disney Archives, 16 de junho de 2012; documento informativo: *History of Disney Training*, de Dave Smith.

Lição 11

RETRIBUA

Existe grande conforto e inspiração nesse sentimento de estreitas relações humanas e sua influência em nossos destinos – uma força poderosa para superar as adversidades que a maioria de nós enfrenta de vez em quando.[1]

– Walt Disney

Carregando sua premiada criação, os dez estudantes do ensino médio sobem lentamente as escadas do Prédio de Animação dos Estúdios Disney, com destino ao terceiro andar dessa estrutura icônica década de 1940. Logo eles se encontrariam com Ron Miller, presidente e CEO da Walt Disney Productions.

Enquanto absorvem o ambiente, cada degrau revela mais tesouros. Desenhos e obras de arte originais de seus programas de televisão e filmes favoritos ladeiam os corredores. *Walt Disney's wonderful world of color*, *101 Dálmatas* e *Cinderela*. As pinturas animadas de *Pinóquio*, tão coloridas e cheias de vida, parecem prestes a saltar das paredes. Quando viram a enorme câmera multiplano, por ocasião de sua visita de familiarização, os estudantes tiveram uma esclarecedora lição sobre a invenção que trouxe profundidade e vida aos clássicos animados.

O dia de hoje marca o ápice de três meses de intenso trabalho. Juntos, os estudantes construíram uma empresa, criaram um produto e aprenderam muito sobre si mesmos. Esse momento é como um dia de formatura, só que melhor.

Eles são estudantes líderes no programa Junior Achievement (JA), uma instituição internacional dedicada a preparar estudantes de nível médio e superior para o sucesso na economia global. Durante um semestre inteiro, cada um deles dedicou suas tardes a se inteirar dos desafios de construir uma empresa próspera.

Por meio da Disney University, a Walt Disney Company (na época, Walt Disney Productions) está patrocinando o programa JA da sua escola e disponibilizando seus orientadores empresariais: um da divisão financeira dos Estúdios Disney e o outro da Disney University. As muitas discussões com os dois assessores empresariais sobre cronogramas de produção, trabalho em equipe, custos fixos e projeções de vendas, ainda estão frescas na mente dos estudantes.

Aproximando-se do escritório localizado no terceiro andar, o anfitrião do grupo e orientador empresarial da Disney University detém o grupo e diz:

– Estamos prestes a entrar em um lugar especial cujo acesso é vedado ao público. A dedicação e o empenho de vocês nos últimos três meses são a razão de vocês estarem aqui. Ron Miller, o presidente e CEO da Walt Disney Productions, tem algumas palavras a compartilhar com vocês sobre negócios, trabalho em equipe e responsabilidade.

Perambulando e mal prestando atenção, os estudantes perscrutam atentamente as paredes e os corredores à procura de obras de arte únicas. O comentário seguinte do anfitrião os faz estancar:

– Talvez interesse a vocês saber que a sala de Ron é a mesma que Walt Disney usou durante muitos anos.

Recuperando a ordem e a atenção, o anfitrião conduz o grupo à sala original de Walt. Os estudantes passam os 10 minutos seguintes reunidos com Ron. Eles lhe explicam os desafios que enfrentaram durante o processo de criação de seu produto, e Ron, por sua vez, compartilha com eles as lições que aprendeu ao longo dos anos.

Ao final da reunião com Ron, os estudantes fazem sua apresentação. É uma caixa contendo o orgulho e a alegria deles, o produto JA. Com 1,90 metro de altura, o ex-jogador de futebol profissional parece um paredão diante dos meninos, mas seu sorriso e suas palavras gentis diminuem a distância entre eles.

– Este é o porta-canetas mais interessante que já vi – Ron exclama.

Era uma peça de vidro transparente de 10 cm x 7,6 cm em forma de diamante apoiada sobre uma bonita base de madeira pigmentada. Gravada no vidro havia a figura do Pato Donald com o seu famoso boné de marinheiro. A caneta era montada na base, ao lado de Donald. O que mais impressionou Ron foi o símbolo de direitos autorais – © – gravado no canto inferior do vidro. Os meninos realmente haviam feito seu dever de casa.

A reunião deveria se encerrar aí, mas Ron vê uma oportunidade no símbolo de direitos autorais e estimula os estudantes.

– Quantos de vocês sabem o nome do primeiro personagem de desenho animado da Disney?

– Mickey Mouse – todos gritam juntos.

– Esse é um bom palpite – sugere Ron. – A maioria das pessoas dá a mesma resposta, mas não foi o Mickey.

Ron faz uma pausa e depois completa:

– O primeiro personagem de Walt foi Oswald, o Coelho Sortudo.

Os estudantes olham para ele desconfiados. Ron então compartilha com eles um breve resumo da avassaladora história em que Walt perde a propriedade dos direitos autorais sobre Oswald em 1928. Oswald não era uma marca registrada nem patenteada pela Disney: Oswald não pertencia a Walt.

Ron usa esse exemplo para reforçar para os estudantes a ideia de que precisamos superar os desafios. Ele mostra para os meninos como Walt transformou a tragédia de Oswald em algo mágico. Em vez de se preocupar com o passado, Walt seguiu em frente: ele criou o Mickey Mouse.[2]

O sorriso de orelha a orelha no rosto dos estudantes transmitiu um sentido coletivo de orgulho e maturidade inimaginável três meses antes. O compromisso com o programa Junior Achievement é apenas um dos exemplos da ligação da Disney com a comunidade. Os benefícios para os estudantes são muitos; e os benefícios para a empresa são igualmente valiosos.

A ligação com a comunidade

O valor de ser um cidadão corporativo é inegável. A retribuição por meio da filantropia corporativa se apresenta sob diversas formas, seja pela atuação voluntária dos funcionários, ou seja, por doações em produtos ou dinheiro. Enfim, a retribuição às comunidades em que uma empresa opera gera múltiplos benefícios.[3]

– Os funcionários querem trabalhar em empresas que eles admirem e respeitem.
– Os clientes prestigiam e apoiam as empresas que eles respeitam.

– O voluntariado ajuda a desenvolver a capacidade de liderança e as habilidades de trabalho em equipe, edificando a confiança e o moral dos funcionários.

Por meio do voluntariado e da filantropia estratégica, uma empresa passa a ser um vizinho valioso.

Walt Disney foi um exemplo de retribuição durante toda a sua carreira. Um dos exemplos é seu apoio à clínica John Tracy, um importante centro de diagnóstico e educação para crianças com perda auditiva. O envolvimento de Walt com a clínica, fundada em 1942, era expresso de várias maneiras. Ele fez parte da diretoria da clínica e participava ativamente de atividades de angariação de fundos. Com as mangas arregaçadas e um avental de cozinheiro, Walt não hesitava em servir refeições e tirar a mesa durante esses eventos. Aproveitando os recursos do estúdio, Walt financiou e apoiou a produção de *Listening eyes*, um curta-metragem descrevendo a clínica.[4,5,6]

O Disney VoluntEARS, renomado programa de voluntariado de funcionários, é baseado no legado de retribuição de Walt. Iniciado na Disney University como o Programa de Ação Comunitária, o Disney VoluntEARS apoia vários programas de auxílio à infância, proteção ambiental e apoio às artes. Por meio do Disney VoluntEARS, os membros do elenco dedicaram milhões de horas de serviço voluntário em mercados nacionais e internacionais.[7]

Jeff Hoffman, vice-presidente aposentado da Disney Worldwide Outreach, passou a maior parte de seus 30 anos de carreira desenvolvendo e conduzindo as iniciativas de auxílio comunitário da Disney. Veterano da Disney University, ele ajudou a criar o programa Disney VoluntEARS.

Por que era importante transferir os conceitos da Disney University para as iniciativas da Disney Worldwide Outreach? Jeff explica:

– Infundíamos em todos os nossos programas os conceitos de bom espetáculo ensinados por Van France. Acreditávamos na política de oferecer aos nossos voluntários e às nossas comunidades o mesmo nível de atendimento que oferecíamos aos convidados de nossos parques temáticos e resorts.

Além dos milhões de horas doadas voluntariamente pelos membros do elenco em todo o mundo, o Disney VoluntEARS contrabalança boa vontade com bom espetáculo. Jeff apresenta um exemplo claro e bem-humorado de manutenção do show por voluntários:

– Nossos melhores esforços poderiam ir por água abaixo em um instante. Afinal, não podemos colocar um voluntário com uma camiseta do Disney VoluntEARS, uma cerveja na mão e um cigarro na boca.[8]

Os membros do elenco que participam em iniciativas de eventos comunitários conhecem bem o valor que são capazes de oferecer. Como representantes da empresa, embora tecnicamente prestando um serviço extraordinário não remunerado, eles aderem integralmente ao esforço de manter o espetáculo Disney, independentemente do local.

A Disney University e os sem-teto de San Francisco

Os dois executivos da Disney University chegam a San Francisco para uma reunião com o prefeito, sem saber ao certo o que o dia lhes reserva. Altamente competentes em suas funções como treinadores corporativos, ambos têm anos de experiência atuando em salas repletas de exigentes líderes da The Walt Disney Studios.

Hoje é diferente. Apesar da familiaridade deles com o mundo dos negócios, ambos sentem a sensação provocada pelo desconforto: o famoso friozinho na barriga. Eles conseguiriam levar a Magia Disney aos abrigos para os sem-teto de San Francisco? Procurando formas criativas de abordar esse sério problema que afetava a cidade, o prefeito recorreu à Disney em busca de orientação.

Na reunião, o prefeito explica os muitos desafios que a cidade está enfrentando e expõe seus planos para melhorar o ambiente nos abrigos, tanto para os sem-teto quanto para os funcionários. O plano do prefeito é ambicioso e tem mérito; ele está determinado a elevar os níveis de qualidade, serviço e respeito nos abrigos.

Inspirado por uma recente viagem de férias com a família à Disneylândia, o prefeito está determinado a recriar o ambiente eficiente e simpático da Disney.[9] Ele passa o dia visitando os abrigos com os executivos da Disney University, apresentando-lhes os funcionários e muitos dos sem-teto em cada abrigo.

Após as visitas, os executivos se reuniram com os principais membros das equipes dos abrigos para trocar ideias sobre como melhorar o serviço para os sem-teto.

Um dos executivos, Carol Davis-Fernald, compartilha uma mensagem vital que acaba por determinar muitas mudanças nos abrigos:

– Tivemos o cuidado de ressaltar que estávamos cientes das diferenças entre a Disneylândia e um abrigo para sem-teto, e que não estávamos lá para lhes dizer como deveriam trabalhar. Mas enfatizamos o poder da atitude de tratar os visitantes (sejam eles pacientes, sejam clientes ou sem-teto) como convidados.[10]

O prefeito, entusiasmado com os resultados da reunião, apresenta exemplos de melhorias na atitude dos funcionários, no moral e no serviço dos abrigos.

– *Seja nosso convidado*. "Os gerentes da Disney University nos fizeram lembrar a elegância e do valor de tratar os sem-teto como convidados... fazendo que eles se sintam bem-vindos."

– *Inspiração*. "O espírito de serviço e voluntariado demonstrado pela equipe da Disney University inspiraram minha equipe. A Disneylândia é a melhor do mundo no que faz, e nós, como prestadores de serviços à nossa população sem-teto, também podemos fazer o melhor."

– As instalações refletem os sentimentos. "Repintamos e renovamos a mobília em nossos abrigos e centros de diagnóstico. Se demonstrássemos orgulho pelo nosso ambiente, os outros seguiriam o exemplo."[11]

A equipe da Disney University tinha plena convicção de que a cultura de respeito incentivada pelo prefeito era genuína. Como Carol se recorda:

– Mesmo antes de conhecê-los, eu sabia que nossa conversa com a equipe teria um efeito duradouro. Durante nossa visita à cidade, o prefeito fez questão de conhecer e cumprimentar cada membro da equipe e um bom número de sem-teto em cada abrigo, tratando-os todos pelo nome.

Retornando a pé a seu escritório, o prefeito deu mais uma demonstração de sua dedicação. Assim como Walt Disney e Van France faziam, circulando de forma incansável pelo parque na Disneylândia, o prefeito percorria a cidade. Ele conhecia as linhas de frente e não se furtava a arregaçar as mangas e participar. Enquanto eles subiam as escadas de acesso à prefeitura, o prefeito se curvou e apanhou um lixo que havia no chão.[12]

O respeito, a simpatia e a eficiência ao estilo Disney têm lugar em qualquer empresa, e a retribuição tem validade longa.

Muitos anos depois, o prefeito, Art Agnos, continua a expressar sua gratidão:

– Lembro-me muito bem daquela visita porque já contei essa história várias vezes ao longo dos anos. A equipe da Disney University foi excepcional. Sua mensagem foi precisa, e a liderança dos Estúdios Disney foi formidável.[13] Embora os representantes da Disney University estivessem exercendo uma função voluntária, o prefeito Agnos se sentiu na obrigação de retribuir. Em sinal de gratidão, ele presenteou a equipe da Disney University com uma lembrança muito peculiar de sua cidade: um rebite folheado de latão da Ponte Golden Gate.

As pessoas querem trabalhar e prestar serviços voluntários a empresas que elas admirem e respeitem. Os consumidores, sejam clientes pagantes, sejam beneficiários de serviços sociais, orbitam em torno das empresas que demonstram boa cidadania corporativa. A filantropia estratégica edifica o valor da marca e o moral dos funcionários, e é um componente vital para a diferenciação no mercado.[14]

O voluntariado e as atividades de filantropia estratégica revelam a verdadeira cultura de uma empresa. O envolvimento da comunidade não precisa se limitar a uma única atividade ou a doações em dinheiro. Os líderes devem ditar o tom da retribuição. Os mais eficazes demonstram seu compromisso saindo de trás de suas mesas, arregaçando as mangas e pondo a mão na massa. Retribuir é muito mais do que preencher um cheque.

REVISÃO DA LIÇÃO

RETRIBUA

A ligação com a comunidade

– O voluntariado e as atividades de filantropia estratégica revelam a verdadeira cultura de uma empresa.

– Os funcionários querem trabalhar em empresas que eles admirem e respeitem.
– Os clientes privilegiam e apoiam as empresas que eles respeitam.

– O voluntariado ajuda a desenvolver capacidade de liderança e habilidades de trabalho em equipe, edificando a confiança e o moral dos funcionários.

– Walt Disney ditou o tom para a retribuição durante toda a sua carreira.

Mais do que o dinheiro pode comprar
– Retribuir é muito mais do que preencher um cheque. É limpar mesas nos eventos filantrópicos, orientar estudantes e melhorar as condições daqueles menos favorecidos.

– O programa de voluntariado de funcionários Disney, VoluntEARS, é baseado no legado de retribuição de Walt.

– O Disney VoluntEARS mantém o show por meio do voluntariado.

Aplicação das Quatro Circunstâncias de Van

Inovar – Apoiar – Educar – Entreter

Retribuição
O voluntariado e a filantropia estratégica fazem parte da cultura de sua empresa? De que maneira as Quatro Circunstâncias de Van são utilizadas para ajudar os necessitados?

Laços com a comunidade
– Você tem um programa de filantropia corporativa?

– De que maneira sua empresa retribui? Por meio do voluntariado de funcionários? De doações de produtos? De doações em dinheiro?

– Como esses programas poderiam ser melhorados?

– De que maneira sua empresa poderia envolver maior número de funcionários?

– De que maneira sua empresa poderia se expandir e apoiar um número maior de comunidades?

– Os funcionários são informados do impacto de seus esforços filantrópicos?

Mais do que dinheiro

– Até que ponto os líderes de sua empresa se envolvem nas atividades filantrópicas?

– Em sua empresa, os líderes arregaçam as mangas e participam?

– De que maneira a liderança poderia melhorar seu nível de envolvimento?

NOTAS

1. SMITH, Dave. *The quotable Walt Disney*. Nova York: Disney Enterprises; Disney Editions, 2001. p. 107.
2. Experiência pessoal do autor.
3. Entrevistas com Jeff Hoffman, vice-presidente aposentado, Disney Worldwide Outreach, The Walt Disney Company, 23 de julho e 07 de outubro de 2012.
4. Conversa sobre o filme *Meu melhor companheiro* (Old Yeller) com Ron Miller e o ator Kevin Corcoran. Exposição, The Walt Disney Family Museum, 104 Montgomery Street, Presidio of San Francisco, CA 94129, 22 de setembro de 2012.
5. Site da Walt Disney Company na Internet: http://thewaltdisneycompany.com/citizenship/employee-engagement.
6. Site da clínica John Tracy na Internet: http://www.jtc.org.
7. Entrevistas com Jeff Hoffman, vice-presidente aposentado, Disney Worldwide Outreach, The Walt Disney Company, 23 de julho e 07 de outubro de 2012.
8. Entrevistas com Jeff Hoffman, vice-presidente aposentado, Disney Worldwide Outreach, The Walt Disney Company, 23 de julho e 07 de outubro de 2012.
9. Entrevista com Art Agnos, membro da Assembleia Legislativa da Califórnia (1976-1988), prefeito de San Francisco (1988-1992), 06 de setembro de 2012.
10. Entrevistas com Carol Davis-Fernald, vice-presidente aposentada de Recursos Humanos e Iniciativas de Funcionários, The Walt Disney Company, 16 e 24 de junho e 15 de setembro de 2012.
11. Entrevista com Art Agnos, ex-prefeito de San Francisco, 06 de setembro de 2012.
12. Entrevistas com Bob De Nayer, diretor de RH aposentado, The Walt Disney Company, 12 de junho, 14 de agosto e 16 de setembro de 2012.
13. Entrevista com Art Agnos, ex-prefeito de San Francisco, 06 de setembro de 2012.
14. Entrevistas com Jeff Hoffman, vice-presidente aposentado, Disney Worldwide Outreach, The Walt Disney Company, 23 de julho e 07 de outubro de 2012.

Lição 12

COMUNICAÇÃO GLOBAL

Fechando as lacunas – culturais, linguísticas e geracionais

Devemos encarar o fato de que temos alguns problemas peculiares de comunicação. A geografia é um deles. Nossa complexa combinação de funções e talentos é outro.[1]

– Van France

Falta uma semana para a grande abertura da Disneylândia de Tóquio. O primeiro parque temático internacional da Disney está pronto para ajudar a lançar a marca em uma era totalmente nova de expansão global. Os anos de minuciosas negociações e inúmeros desafios de construção ficaram comodamente relegados ao passado e finalmente chegou a hora de revelar essa joia ao mundo.

Uma série de campanhas de marketing e relações públicas bem articuladas geraram enorme curiosidade em relação à Disneylândia de Tóquio (TDL na sigla em inglês) em todo o Japão e na comunidade internacional. Mas existe mais uma atividade que deve preceder a abertura dos portões da TDL ao público: o evento da imprensa.

Com décadas de experiência na criação de eventos para a mídia com a finalidade de promover novos resorts, parques temáticos e atrações na Califórnia e na Flórida, a equipe da Disney não é nenhuma estranha no mundo do entretenimento e dos grandes espetáculos. Os membros da imprensa representantes de grandes agências de notícias e empresas de mídia de massa foram convidados ao parque para uma visita de lançamento, uma espécie de *open house*.

No evento de estreia da TDL reservado para convidados, a mídia será convidada a visitar as atrações, os restaurantes e as lojas. Como convidados do resort, os presentes terão a chance há muito aguardada de experimentar a comida, percorrer as áreas do palco e, o que é mais importante, desfrutar as atrações.

Um evento de imprensa é um gigantesco ensaio público indutor de estresse para milhares de membros do elenco. Trabalhem eles nas áreas de palco ou de bastidores, os inúmeros detalhes associados a um evento dessa magnitude desafiam até mesmo as mais experientes equipes de veteranos em operações. Entretanto, a equipe de operações da TDL é formada basicamente por iniciantes em parques temáticos.

Na realidade, um grupo-piloto de gerentes e supervisores japoneses recebeu meses de treinamento ministrado por um grupo de elite de profissionais de operações da Disneylândia. Muitos gerentes japoneses foram transferidos para os Estados Unidos e passaram meses aprendendo os detalhes da administração de um parque temático – ao estilo Disney; alguns chegaram até a participar da grande estreia de atrações e parques temáticos na Califórnia e na Flórida. Como com qualquer grande inauguração, no entanto, existe uma quantidade infinita de detalhes e muitas pessoas envolvidas, de modo que algumas coisas simplesmente acabam passando despercebidas.

Em preparação para o evento da imprensa, as equipes de limpeza e zeladoria trabalharam ativamente, limpando, polindo e esfregando cada brinquedo, cada restaurante e cada loja. As floreiras foram verificadas repetidas vezes para evitar que contivessem plantas murchas ou que estivessem morrendo. A Disneylândia de Tóquio está impecável e pronta para o grande dia.

E isso criou um enorme problema.

Aderindo entusiasticamente à missão de "fazer o parque brilhar", a equipe de limpeza limpou a Casa Mal-Assombrada, que não está apenas preparada e pronta para o grande dia; está impecável! Não há uma poeirinha sequer. As teias de aranha sinistras foram removidas. A Casa Mal-Assombrada está imaculada – e deixou de parecer... MAL-ASSOMBRADA.[2,3,4]

Ron Pogue, vice-presidente da Disneyland International e da Walt Disney Attractions, Japão, se recorda:

– A equipe de limpeza japonesa queria que tudo estivesse perfeito para o evento de imprensa e, por isso, arrumou o velho casarão.[5] Infelizmente, em seu entusiasmo, o pessoal da limpeza conseguiu eliminar obras de arte criadas meticulosamente e colocadas em locais específicos. Eles removeram as teias de aranha de cola-cimento de borracha, as manchas dos papéis de parede e a poeira das cortinas de veludo, tudo cuidadosamente aplicado por uma equipe de artistas para fazer o lugar parecer mal-assombrado. A arte do envelhecimento e da granulação, um processo comumente usado nos mundos do teatro e do cinema, envolve a precisa aplicação de tinta e outros materiais aos acessórios de palco e prédios, criando uma sensação de realismo. Na Casa Mal-Assombrada, os artistas passaram semanas transformando a mansão recém-construída em um velho casarão caindo aos pedaços e mal-assombrado. Em uma noite, a equipe de limpeza do cemitério transformou a Casa Mal-Assombrada envelhecida e granulada em uma edificação tão limpa, brilhante e imaculada que poderia ter sido aprovada na minuciosa inspeção sanitária até mesmo do mais rigoroso dos fiscais.

Steve Lewelling, diretor de Operações da Disneylândia de Tóquio, tem uma nítida lembrança do incidente. Morando no Japão como integrante da equipe de inauguração, Steve foi despertado com um telefonema – literalmente.

– Eu recebi a ligação às 2 horas. Meu gerente de limpeza, outro expatriado norte-americano, ligou para minha casa, me acordou e disse: "Steve, limparam a Casa Mal-Assombrada!". Eu não estava acreditando que esse cara havia me ligado no meio da noite simplesmente para me dizer que a equipe de limpeza dos japoneses havia feito o seu trabalho.

À medida que os detalhes começavam a surgir, Steve percebeu a gravidade da situação. O que os artistas haviam levado três semanas para criar havia ido por água abaixo.

– Havíamos acabado de colocar os artistas em um avião e os mandado de volta para a Califórnia – recorda-se Steve. – Eu estava no telefone tentando buscá-los de volta e o avião deles ainda não havia nem aterrissado em Los Angeles![6]

Embora a mansão não estivesse suficientemente "sinistra" para inaugurar durante o evento da imprensa, os artistas retornaram ao Japão e, como que em um passe de mágica, prepararam a Casa Mal-Assombrada... novamente.

Uma barreira cultural: Até que ponto limpo é limpo?

A Disneylândia de Tóquio apresentaria uma série de novos desafios: construção executada sobre um aterro sanitário, problemas de projeto decorrentes das condições climáticas e, depois, a contratação e o treinamento de 4 mil novos membros do elenco. Para agravar todos esses desafios, havia a distância de 8 mil quilômetros e uma diferença de fuso horário de 16 horas entre a Califórnia e o Japão. O incrível é que todos esses desafios eram irrelevantes se comparados ao verdadeiro desafio que os líderes da Disneylândia estavam enfrentando: as diferenças culturais e linguísticas entre os dois países.

O pessoal da limpeza responsável por limpar a Casa Mal-Assombrada tinha muitos anos de experiência na área; todos eram profissionais. Juntos, eles contavam décadas trabalhando em hospitais, fábricas, hotéis e ambientes de escritório. E era justamente aí que estava o problema. Eles sabiam limpar esses ambientes. Mas uma Casa Mal-Assombrada é um ambiente absolutamente diferente – uma cultura diferente –, assim como o processo para a sua manutenção.

As culturas em que o pessoal da limpeza passara muitos anos aprendendo e aprimorando seu ofício – hospitais, fábricas e escritórios – tinham seus próprios padrões de "limpeza" e procedimentos específicos pelos quais esses padrões deveriam ser alcançados. Novata no mundo do entretenimento, a equipe de limpeza simplesmente aplicara as normas de seus locais de emprego anteriores ao novo ambiente da Casa Mal-Assombrada.

Infelizmente, uma prática sensata em determinada cultura não é garantia de sucesso em outra; não existe um tamanho único. O treinamento de pré-inauguração para o pessoal da limpeza na TDL, um processo bastante extenso e detalhado, havia abordado todos os assuntos. E o problema não era de natureza estritamente linguística; um exército de intérpretes e tradutores especializados fechara a lacuna da língua desde os primeiros dias do projeto até muito depois da grande inauguração. Os manuais traduzidos para o japonês detalhavam cada operação. O problema não era a qualificação do pessoal da limpeza; o problema que afligia a equipe de limpeza era um desafio bifásico que afeta muitas equipes internacionais e interculturais:

– *Eram feitas suposições*. Embora os funcionários da limpeza japoneses fossem especialistas em sua área, eles nunca haviam mantido um prédio com o objetivo de intencionalmente fazê-lo parecer sujo. Os treinadores norte-americanos supuseram que a equipe de limpeza sabia fazer seu trabalho e negligenciaram detalhes fundamentais. Confiante em seus anos de experiência, o pessoal da limpeza supunha que esse ambiente não era diferente dos outros.

– *As expectativas não eram claras*. "Limpem o prédio." Quantas vezes no passado os funcionários da limpeza já haviam ouvido essa diretiva? Limpo é limpo – isso é senso comum, correto? Afinal, esse grupo há havia limpado com sucesso muitos outros brinquedos na TDL. A Montanha-Russa Espacial estava impecável, e os treinadores norte-americanos desses funcionários estavam encantados! A Casa Mal-Assombrada, porém, era diferente, mas nem os japoneses nem os norte-americanos haviam esclarecido suas expectativas.

O choque de expectativas não expressas e suposições mal orientadas potencializa as oportunidades para mal-entendidos nas equipes cujos membros são originários de diferentes culturas. As diferenças linguísticas, geralmente apontadas como a fonte primária de mal-entendidos, são apenas a ponta do *iceberg*. Se a culpa cabe à língua, o que explica o mal-entendido entre o pessoal da limpeza e seus treinadores? Afinal, eles tinham intérpretes de classe mundial à sua inteira disposição.

O *iceberg* cultural

Nunca é fácil alcançar um nível de comunicação eficaz e preciso. Mesmo aqueles com perfis e valores semelhantes precisam constantemente lançar mão de estratégias que minimizem os mal-entendidos e a má comunicação. Somando-se as diferenças etárias, linguísticas, culturais e geográficas ao quebra-cabeça da comunicação, um processo já desafiador se torna ainda mais complicado.

A melhor maneira de descrever a complexidade da transação da comunicação entre pessoas de diferentes culturas é por analogia, comparando-a a um *iceberg* cultural. Se a língua e o estilo de comunicação representam a ponta do *iceberg* (qualquer coisa que possamos detectar por meio de nossos cinco sentidos), a parte situada abaixo da linha-d'água representa os valores, as crenças e o senso comum daqueles provenientes desse *iceberg*, ou dessa cultura. Os mal-entendidos são muitos quando pessoas originárias de diferentes *icebergs* culturais entram em contato, especialmente durante períodos prolongados.

Assim como acontece com os *icebergs* reais, as partes dos *icebergs* culturais acima e abaixo da linha-d'água não são proporcionais. A pequena ponta do *iceberg* é alvo de muita atenção quando interagimos com os outros – concentramo-nos nas mensagens verbais e não verbais –, mas a parte submersa merece igual, se não maior, atenção. O senso comum e os valores submersos de determinada cultura podem ser desastrosos se aplicados em outro contexto cultural.

É fundamental conhecer todo o *iceberg*. O desastre da Casa Mal-Assombrada poderia ser sido evitado se os treinadores norte-americanos da Disneylândia de Tóquio e seus recém-contratados funcionários da limpeza tivessem reservado tempo para esclarecer o que cada grupo considerava "limpo". Enfim, ambos os grupos precisaram colocar cilindros de oxigênio, mergulhar na água e dar uma olhada nos 80% ou 90% do *iceberg* geralmente ignorados.

Operando com base em sua experiência em hospitais e fábricas, os funcionários da limpeza tinham uma nítida imagem de senso comum do que significava "limpo". Os treinadores da TDL, com suas décadas de experiência na manutenção de parques temáticos, tinham seu próprio entendimento de "limpo". Dada a larga experiência coletiva dos dois grupos, treinandos e treinadores pensavam estar seguindo a mesma cartilha: "Ora, é claro! Todo mundo sabe disso; isso é o senso comum".

As culturas são bairros

Os grupos, as comunidades e os bairros existem sob todas as formas, tamanhos, idades, etnias e línguas. Os grupos nos ajudam a determinar nossas crenças, formas de pensar e ações, e a distinguir o certo do errado. Além disso, toda empresa atende vários bairros. Até mesmo as empresas que operam exclusivamente dentro dos limites de sua própria cidade, Estado, província ou país servem a muitos bairros e culturas. Aqueles que optarem por entender melhor a diversidade dos bairros que atendem serão bem-sucedidos; aqueles que não, ficarão para trás.

Um parque temático ou um resort da Disney é uma pequena cidade, com diversos grupos de profissionais responsáveis por cuidar de diversas partes do show. Como em qualquer organização, esses subgrupos podem se isolar uns dos outros e gradativamente se separar. Van France usava o termo bairros para identificar as diversas áreas, funções e membros do elenco – os *icebergs* culturais – dentro da Disneylândia.

Van estava bem à frente de muitos outros executivos quando expressava preocupação com os obstáculos que ele via separando os bairros da Disney. Essas barreiras entre os grupos resultavam na criação de silos, em má comunicação e em desconfiança. Reconhecendo o valor e o poder criativo de uma equipe diversificada, Van era incansável em seu objetivo de eliminar as frustrações que podem provocar a separação dos *icebergs*.

Exemplificando a preocupação de Van em melhorar as oportunidades de integração das necessidades dos muitos bairros da Disneylândia, temos o seguinte:

Funções de trabalho

"Assim como em qualquer comunidade, temos diversos 'bairros'. Em geral, aqueles que vivem nesses bairros não se misturam com outras pessoas. Os residentes do depósito raramente visitam o prédio da administração, salvo por motivo de serviço."[7]

Nossa faixa etária

"Embora nossa comunidade seja orientada para os jovens, o menino e a menina da 'porta ao lado' estão crescendo e hoje já têm filhos e filhas que também trabalham para nós. Temos uma ampla faixa etária que varia dos 16 aos 70 anos. Nosso pessoal reflete o amadurecimento dos últimos 25 anos. Alguns gerentes precisam saber, pelo menos, que as pessoas que eles supervisionam são diferentes do que eram há dez anos."[8]

Nossas muitas línguas

"Embora nossa comunidade abrigue muitas pessoas capazes de falar a maioria das línguas internacionais, nós também conversamos em jargão técnico, o que é difícil de compreender para quem é de fora do 'bairro'."[9]

A política da "identidade visual Disney"

"Nos últimos dez anos, a 'menina da porta ao lado' começou a usar aparelho nos dentes... se seus pais tiverem posses para isso. Até dois anos atrás, porém, tínhamos uma política em nosso departamento de recrutamento que nos impedia de contratar qualquer pessoa que usasse esses aparelhos. Isso, claro, é absolutamente ridículo. Mas eu me pergunto quantas outras políticas obsoletas estão contidas em nossos manuais de políticas."[10]

Nota: Quando da abertura da Disney California Adventure em 2001, a antiga política da Disney proibindo que os anfitriões exibissem quaisquer tipos de pelos no rosto foi alterada, passando a permitir o uso de bigodes. Após uma nova alteração em 2012, a política hoje permite barbas bem aparadas.[11]

Nossos programas de treinamento

"Em minha opinião, precisamos alterar o material de nossos programas de orientação. Posso estar errado, mas precisamos reavaliar o que está funcionando e o que não está. Certamente, um funcionário [recém-contratado] para o depósito deve se sentir isolado se todos os exemplos [dados pelos treinadores da Disney University] forem sobre como lidar com nossos convidados, e não sobre como manusear caixas."[12]

Discutindo a necessidade de trabalhar continuamente para fechar as lacunas entre os muitos bairros existentes na Disneylândia, Van escreve: "Continuo a ver a Disneylândia como uma comunidade de pessoas que trabalham para proporcionar alegria aos outros". Apesar dos milhares de membros do elenco necessários para operar essa complexa comunidade, Van se recusava a vê-los estritamente como números nos relatórios e planilhas de funcionários.

Em um memorando intitulado *People behind the numbers* (As pessoas por trás dos números), Van pergunta: "Por que as pessoas que estão por trás dos números são importantes?". E então, em uma alusão à sensibilidade cultural, ele prossegue: "A pessoa por trás do número em questão é um profissional recém-formado, um anfitrião da área de paisagismo ou alguém que não fale inglês?".[13,14] Dianna Stark, que iniciou sua carreira de 39 anos como anfitriã na Rua Principal e no Monorail, lembra-se de Van como "um homem atencioso com um coração enorme. Ele estava sempre atento aos anfitriões e anfitriãs que atuavam nas linhas de frente. Ele era também um grande proponente de que houvesse mais mulheres em cargos gerenciais, muito antes que a prática entrasse em voga".[15]

Van sabia tão bem quanto qualquer antropólogo cultural que a comunicação sustentável e eficaz – entre culturas, sexos, gerações, funções de trabalho e classes econômicas – ocorre quando os membros de diferentes *icebergs* se esforçam para conhecer melhor seus próprios *icebergs* e aqueles de seus semelhantes.

Flexibilidade cultural

Agradar a diversas culturas e bairros pode ser uma tarefa frustrante para qualquer líder e empresa. Valores e princípios operacionais altamente estimados em determinada cultura podem ser contestados ou até mesmo desprezados pelos membros de outras culturas. Aqueles com poder de decisão que se sentem à vontade lidando com múltiplas questões em um mercado monocultural podem ser frustrados pela torrente de novas demandas do mercado multicultural. Explorar um território novo não é fácil. Devemos considerar os seguintes pontos:

– Onde estabelecer os limites?
– Quando ser flexíveis?
– Esses são nossos valores corporativos e nós devemos mantê-los.

A linha divisória entre os diversos cursos de ação pode ser tênue, e a conquista do sucesso pode ser um exercício de tentativas e erros.

Saquê? Vinho?

– Nunca permitimos a venda de bebidas alcoólicas em nossos parques na Califórnia e na Flórida, e nos mantivemos fiéis a essa filosofia no Japão.

Jim Cora, em sua função como presidente do Conselho de Administração da Disneyland International, recorda-se de lidar com inúmeras questões de fundo cultural. Os executivos da Disney, cientes do significado histórico do saquê (vinho de arroz japonês) na cultura japonesa, estavam determinados a manter o antigo valor da Disney de um parque isento do consumo de bebidas alcoólicas. A flexibilidade, nesse caso, não era uma opção.

Jim prossegue:

– Era um grande desafio, mas nós nunca cedemos. Sim, construímos um restaurante japonês em nossa área World Bazaar, mas estávamos determinados a não permitir a venda de saquê. Foi uma boa decisão. Na verdade, depois que o parque abriu, recebemos muitas cartas de donas de casa elogiando nossa decisão. Elas nos diziam que, como seus maridos não podiam beber álcool durante a visita à Disneylândia de Tóquio, eles ficavam com a família durante todo o dia, em vez de se embebedarem e perderem o interesse.[16]

Dez anos mais tarde, a empresa adotou uma linha diferente em seu segundo parque temático internacional, a Euro Disney (hoje chamada Disneyland Paris Resort). Enfrentando uma crise financeira e recebendo duras críticas por sua falta de sensibilidade cultural, a Disney resolveu, depois de décadas, abandonar a política de proibição à venda de bebidas alcoólicas no Magic Kingdom. Michael Eisner escreve: "Estudos de marketing sugeriram que estávamos sacrificando lucros na ordem de US$ 11 bilhões por ano não servindo bebidas alcoólicas. À medida que nossos problemas financeiros aumentavam, acabamos por permitir a venda de cerveja e vinho. A decisão se revelou amplamente irrelevante, gerando apenas uma fração da receita que alguns imaginavam... os europeus se comportavam exatamente como os norte-americanos quando visitavam nossos parques. Em vez de se sentarem para fazer demoradas refeições no meio do dia, como fazem em Roma, Paris ou Madri, eles faziam um lanche rápido em nossas lanchonetes e a maioria evitava a cerveja e o vinho."[17]

Por favor, me chame de Walt

A variedade e a natureza dos choques culturais são infinitas, assim como as soluções. Entretanto, no calor do momento, algumas das soluções mais óbvias e simples passam despercebidas. O valor do tratamento pelo primeiro nome da Walt Disney Company é um exemplo. Os crachás dos funcionários exibindo apenas o primeiro nome hoje são uma prática ubíqua em empresas do mundo inteiro. Mas nem sempre foi assim. Mesmo nos Estados Unidos, houve uma época em que os títulos mais formais sr., sra. e srta. eram amplamente usados.

Determinado a criar um ambiente de abertura e criatividade, Walt era implacável em perpetuar a cultura do uso apenas do primeiro nome. Em 1955, os anfitriões e anfitriãs da recém-construída Disneylândia tinham dificuldade em tratar Walt Disney como Walt. Eles não se sentiam à vontade em tratar o fundador de maneira tão informal. A resposta-padrão de Walt para aqueles que o chamavam de sr. Disney era:

– Meu pai é o sr. Disney. Apenas me chame de Walt.

Esse valor cultural tem raízes profundas.

Imagine, então, as intensas "negociações sobre a questão dos crachás" ocorridas nos anos que antecederam a inauguração da Disneylândia de Tóquio em 15 de abril de 1983. Com a intenção de manter sua centenária tradição de tratar os colegas pelo sobrenome, os japoneses não tinham nada a ver com a política da Disney. Os executivos da Disney, igualmente resolutos, não estavam dispostos a abandonar uma prática iniciada por Walt. O orgulho corporativo e nacional bloqueou temporariamente a mente daqueles com poder de decisão. O que hoje pode parecer uma banalidade, na época era considerado um problema insuperável.

Depois que os ânimos se acalmaram, as cabeças mais frias prevaleceram e uma solução mutuamente aceitável combinando as necessidades de ambas as culturas finalmente foi alcançada. Os gerentes japoneses em missão nos Estados Unidos teriam de usar crachás exibindo apenas o primeiro nome. Poderia ser o próprio nome da pessoa ou mesmo um apelido, mas tinha de ser um primeiro nome. No Japão, eles poderiam usar seus crachás contendo o sobrenome. A crise foi evitada.

Não faça suposições

Recordando décadas de trabalho com Van, Jim Cora cita uma lição valiosa:

– Van estava sempre nos lembrando: "Não suponha que eles [os novos funcionários] saibam o que queremos expressar quando dizemos 'Vocês atuam no setor de *entretenimento*'".

Van France nunca deixou de buscar pontes capazes de eliminar as lacunas entre grupos de diferentes bairros e culturas. Ele nunca abandonou seus esforços de simplificar o complexo e garantir o entendimento mútuo. Apesar de ser um comunicador prolixo, Van tinha plena consciência das limitações da palavra escrita e falada. Em seu visionário relatório chamado *Disneyland: The exciting new era, 1980-2005*, Van alerta: "O que existe de terrível em relação à palavra 'comunicações' é que normalmente não sabemos do que estamos falando. Do que estamos falando?".[18]

A equipe de limpeza da Casa Mal-Assombrada sabe exatamente a que Van está se referindo.

Revisão da Lição

COMUNICAÇÃO GLOBAL:
Fechando as lacunas – culturais, linguísticas e geracionais

Até que ponto limpo é limpo?

– O incidente da Casa Mal-Assombrada exemplifica um desafio enfrentado por toda a empresa: superar as lacunas culturais, linguísticas e geracionais.

– Quanto maior a diversidade das equipes, maior a importância de que se esclareçam as suposições e expectativas.

O *iceberg* cultural

– A melhor maneira de descrever a complexidade da transação da comunicação entre pessoas de diferentes culturas é por analogia, comparando-a a um *iceberg* cultural.

– Confiar exclusivamente no próprio senso comum é praticamente garantia de insucesso em interações multiculturais.

As culturas são bairros

– Van France usava o termo bairros para identificar as diversas áreas, funções e membros do elenco – os *icebergs* culturais – dentro da Disneylândia.

– Aqueles que optarem por entender melhor a diversidade dos bairros que atendem serão bem-sucedidos; aqueles que não, ficarão para trás.

Flexibilidade cultural

– Agradar a diversas culturas e bairros pode ser uma tarefa frustrante para qualquer líder e empresa.

– Saber quando e onde estabelecer limites entre os valores corporativos e os valores culturais é tanto uma arte quanto uma ciência. Os diferentes resultados de não permitir o saquê na Disneylândia de Tóquio e permitir a venda de vinho e cerveja na Euro Disney são um exemplo.
– As negociações sobre a questão dos crachás na Disneylândia de Tóquio ressaltam a necessidade de que se descubram soluções criativas para problemas de ordem cultural.
– A alteração da antiga política da "Identidade Visual Disney" abriu o leque de possíveis novos membros do elenco.

Comunique-se globalmente

Qual o nível de eficácia de sua empresa para superar as lacunas culturais na comunicação? Como as Quatro Circunstâncias de Van são utilizadas para alcançar as culturas e bairros que você atende?

Até que ponto limpo é limpo?

– Em sua empresa, qual o equivalente ao incidente da Casa Mal-Assombrada?
– Você já identificou a causa básica desse incidente?
– Que estratégias existem para evitar uma recorrência?

O iceberg cultural, os bairros e o treinamento

– Quantos bairros diferentes sua equipe de treinamento atende?
– O material de treinamento reflete as necessidades culturais dos treinandos?
– Sua equipe de treinamento utiliza métodos variados de transmissão de conhecimento para despertar o interesse de múltiplas culturas?

Flexibilidade cultural e organizacional

– Cite exemplos de como sua empresa se ajusta a diferentes culturas.
– Que políticas são negociáveis? Quais não o são?
– Em sua empresa, qual o equivalente à alteração da política da "Identidade Visual Disney"?
– De que maneira sua empresa se beneficiou (no que diz respeito a funcionários ou clientes) em decorrência das mudanças?

NOTAS

1. Van France, documento informativo: *Disneyland: the exciting new era, 1980-2005*, 18 de fevereiro de 1981.
2. Entrevista com Steve Lewelling, vice-presidente aposentado, Walt Disney International, 01 de novembro de 2012.
3. Entrevistas com Ron Pogue, vice-presidente aposentado, Disneyland International e Walt Disney Attractions, Japão, 07 de maio, 09 de maio, 14 de maio e 23 de outubro de 2012.
4. Entrevistas com Dianna Stark, gerente de Treinamento Operacional aposentada, Disneylândia de Tóquio, 20 de julho, 25 de julho e 26 de outubro de 2012.
5. Entrevistas com Ron Pogue, vice-presidente aposentado, Disneyland International e Walt Disney Attractions, Japão, 07 de maio, 09 de maio, 14 de maio e 23 de outubro de 2012.
6. Entrevista com Steve Lewelling, vice-presidente aposentado, Walt Disney International, 1º de novembro de 2012.
7. Van France, documento informativo: *Disneyland: the exciting new era, 1980-2005*, 18 de fevereiro de 1981.
8. Van France, documento informativo: *Disneyland: the exciting new era, 1980-2005*, 18 de fevereiro de 1981.
9. Van France, documento informativo: *Disneyland: the exciting new era, 1980-2005*, 18 de fevereiro de 1981.
10. Van France, documento informativo: *Disneyland: the exciting new era, 1980-2005*, 18 de fevereiro de 1981.
11. Entrevistas com Jim Cora, presidente aposentado do Conselho de Administração, Disneyland International, 08 de março, 09 e 14 de maio e 26 de julho de 2012.
12. Van France, documento informativo: *Disneyland: the exciting new era, 1980-2005*, 18 de fevereiro de 1981.
13. Van France, *People behind the numbers*, 06 de dezembro de 1985.
14. Entrevistas com Bill Ross, vice-presidente-sênior de Relações Públicas, Walt Disney Parks and Resorts, 10 de maio, 17 de setembro e 13 de outubro de 2012.
15. Entrevistas com Dianna Stark, gerente de treinamento operacional aposentada, Disneylândia de Tóquio, 20 de julho, 25 de julho e 26 de outubro de 2012.
16. Entrevistas com Jim Cora, presidente aposentado do Conselho de Administração, Disneyland International, 08 de março, 09 de maio, 14 de maio e 26 de julho de 2012.
17. EISNER, M. D.; SCHWARTZ, T. *Work in progress*: risking failure, surviving success. New York: Hyperion, 2010.
18. Van France, documento informativo: *Disneyland: the exciting new era, 1980-2005*, 18 de fevereiro de 1981.

Lição 13

TRABALHE E DIVIRTA-SE PARA VALER

No ramo de atividade em que atuamos, se não pudermos nos divertir, como podemos esperar que o público se divirta?[1]

– Van France

REMA, REMA, REMA.

Os pulmões de Sophie clamam por ar. Seus braços, doloridos pelo exercício, parecem dois pesos de chumbo. Rindo consigo mesma, ela pensa: Por que estou fazendo isso? Eu me levantei às 4 horas da manhã – voluntariamente – para fazer isso?

Preocupada em segurar o remo corretamente, Sophie mal ouve os gritos de incentivo a distância.

– Vai, vai, vai!

O suor escorre para seus olhos, ela range os dentes e segue em frente. Os gritos aumentam quando eles ultrapassam o barco Mark Twain.

– Não desistam!

– Vocês estão quase lá!

A água fria repentinamente espirrando em seu rosto ajuda Sophie a recuperar o foco.

– Cuidado com as pedras! – grita um companheiro de equipe.

– Mantenham a cabeça baixa! – grita outro.

Os picos da Big Thunder Mountain Railroad desaparecem por trás deles. Sophie persiste.

Rema, rema, rema.

Desviando da Ilha Tom Sawyer e se aproximando da linha de chegada, Sophie avista a Casa Mal-Assombrada à sua direita. Aquela visão, somada à torcida dos colegas membros do elenco que se aglomeravam no deque do restaurante Hungry Bear, dá a Sophie e seus companheiros de equipe a injeção de energia de que eles tanto necessitam.

Missão cumprida.

– Ótimo trabalho, equipe Pain Street Paddlers. Conseguimos!

Arfando e rindo ao mesmo tempo, Sophie perscruta o cenário ao seu redor. Centenas de membros do elenco, gritando e torcendo, ladeiam a margem do Rios da América. Muitos estão vestidos a caráter; as camisas coloridas em estilo havaiano, os chapéus sofisticados e as estolas de pena lhes saltam aos olhos. Os integrantes de algumas das equipes mais competitivas (ocasionalmente acusadas de recrutar "sósias") usam camisetas sem manga e trocam insultos com outras equipes. Para Sophie, no entanto, o melhor que há nos trajes dos membros do elenco são as camisetas com os nomes curiosos das equipes:

"Canoe and Improved"
"Paddlin' Bayou"
"Last of the Rowhicans"
"Paddle You're Behind"
"Pier Pressure"
"Two Bit Oars"
"Candy Paddlers"
"Canoe Kids on the Block"
"Mouse-Ka Noes"
"Haulin' Oars"
"Disney UnivOARsity"

Para completar a folia, um membro do elenco que está na doca faz uma encenação ao estilo Tinker Bell, desejando boa sorte a cada canoa com o aceno de uma varinha de condão.[2]

Estimulada por essa cena maravilhosa, Sophie esquece a dor nos braços. Trocando abraços e cumprimentos, Sophie e seus companheiros da Pain Street Paddlers se juntam e vibram:

– Ano que vem, dominaremos as canoas!

Todo verão, durante duas semanas, centenas de membros do elenco Disney chegam ao Rio da América bem antes do amanhecer para disputar a Corrida de Canoas do Elenco. Perfiladas na doca e estendendo-se ao longo da margem, mais de 70 equipes de oito a dez pessoas aguardam ansiosamente a sua vez de competir. O regime diário de acordar às 4 horas, fazer exercícios de aquecimento e tomar várias xícaras de café contribui para a intensidade e excentricidade das provas.[3]

Uma por vez, cada equipe embarca em uma das canoas do Davey Crockett's Explores Canoes e dá a volta na Toca do Pirata, na Ilha Tom Sawyer.

As equipes mais rápidas completam o percurso em menos de cinco minutos, classificando-se para as rodadas mais competitivas. Algumas não conseguem alcançar a linha de chegada. Incapazes de dominar a arte de conduzir suas enormes canoas, elas se chocam contra as pedras na margem do rio e são desclassificadas.[4]

Sophie e sua equipe agora fazem parte do exclusivo clube de dezenas de milhares de membros do elenco que participaram da Corrida de Canoas da Disneylândia, uma atividade tradicional do elenco da Disneylândia desde 1964. O elenco da Walt Disney World criou sua própria versão do evento em 1973: a Canoe Races of the World – C.R.O.W. (Corrida de Canoas do Mundo).[5,6] Um ex-membro do elenco explica:

– A Corrida de Canoas do Elenco se enquadra em um daqueles eventos da vida em que você se pergunta por que está fazendo aquilo, mas não o perderia por nada neste mundo.[7]

A Corrida de Canoas do Elenco é apenas um exemplo de uma cultura organizacional que valoriza os benefícios da diversão como válvula de escape das tensões. Os dois departamentos responsáveis por organizar, promover e divulgar as corridas são o Departamento de Atividades do Elenco e o Departamento de Comunicações do Elenco. Ambos têm raízes na Disney University e dão vida à antiga tradição da Disney: "Trabalhe para valer e divirta-se a valer".

Uma história de diversão

Recordando sua primeira visita ao The Walt Disney Studios, Van descreveu uma cena curiosa:

– Aqui [nos Estúdios Disney], a maravilha das maravilhas, havia coisas aparentemente incompreensíveis para meu cérebro industrializado. Havia pessoas jogando pingue-pongue, vôlei, *softbol* ou simplesmente deitadas na grama.[8]

No início de sua carreira na Disney, durante os meses que antecederam a grande inauguração da Disneylândia, Van aprendeu o máximo que pôde sobre a cultura da empresa e seus produtos. Ele percorria os corredores dos Estúdios Disney, interagindo tanto com os executivos quanto com os animadores. Ele fazia visitas de familiarização ao canteiro de obras da Disneylândia, colhendo informações com projetistas e construtores sobre esse novo empreendimento. Por meio desse processo, Van concluiu uma exaustiva avaliação de necessidades antes de elaborar seu primeiro programa de orientação. Seu estudo sobre a cultura, os produtos e as operações da empresa lhe ensinou uma lição valiosa: trabalho árduo e diversão caminham de mãos dadas.

Van aprende o caminho das pedras

Van adquiriu um conhecimento mais profundo sobre a cultura da Disney por meio de uma fonte totalmente improvável: o manual de políticas e procedimentos de funcionários. Em todas as outras empresas em que ele havia trabalhado, esse documento era frio, semelhante a um contrato. Existe coisa melhor para induzir ao sono do que um livreto cheio de regras e regulamentos sobre horário de trabalho, absenteísmo, licença por motivo de doença, uso do telefone para fins pessoais e contracheques?

– Em outras ocasiões, em outros lugares, meu trabalho envolvia um ambiente industrial – Van dizia. – O ambiente estruturado de uma fábrica de aviões, uma usina de redução de alumínio ou uma linha de montagem de automóveis era totalmente diferente do que encontrei durante esse capítulo de minha vida profissional.[9]

Van vislumbrou o legado de Disney, que consistia em usar o humor para transmitir informações sérias, quando ele leu um manual do funcionário de 1943, *The ropes at Disney's*.[10]

Manual minúsculo de aproximadamente 18 cm x 13 cm e 16 páginas, no máximo, *The ropes at Disney's* tem um formato leve e divertido que consegue transmitir pontos importantes, evitando, ao mesmo tempo, o enfado, geralmente, associado a esse tipo de material.

O inteligente gibi contido na página que trata da séria questão do absenteísmo ilustra bem isso. O desenho mostra dois funcionários, um homem e uma mulher, fazendo cara feia enquanto chutam uma chave de grifo para fora dos estúdios. A ferramenta, caprichosamente desenhada, que ganha vida com olhos arregalados e uma expressão de espanto, é uma "chave-inglesa". A mensagem transmitida por essa imagem é clara: não há lugar para aquela chave-inglesa no estúdio. O texto correspondente à imagem reforça o desenho e a política em relação ao absenteísmo: "Todos nós sabemos que a ausência desnecessária é uma chave-inglesa na área de maquinário de produção. Considerando esse fato, e o pequeno contracheque no fim do mês, você acabará mudando de ideia e não indo pescar."[11]

O desenho colorido de um fio de corda vermelho-vivo, que começa na capa e segue serpenteando por todas as páginas cheias de cartuns do manual, leva o leitor de um conceito a outro. Essa poderosa metáfora ilustra a interligação entre cada política e a importância de todos cooperarem. Depois de ler esse manual do funcionário, um novo funcionário literalmente "aprendia o caminho das pedras".

A avaliação de Van em relação à cultura dos Estúdios Disney revelou um valor essencial: o papel vital do humor e da recreação na instrução, no desenvolvimento e no moral dos funcionários. Os procedimentos, as regras e as políticas, importantes para qualquer empresa, são mais bem assimilados quando apresentados de forma criativa.

Recreação e comunicação

Van não perdeu tempo em transferir a cultura adepta da filosofia "trabalhe para valer e divirta-se a valer" dos estúdios para a Disneylândia. Logo após a inauguração da Disneylândia, Van formou os precursores dos departamentos hoje responsáveis pelas atividades de recreação e comunicação dos membros do elenco.

O Clube Recreativo da Disneylândia (DRC, na sigla em inglês) começou organizando uma liga de boliche, um ateliê de arte e a festa anual de Natal dos funcionários. No decorrer dos anos, o DRC cresceu e se transformou em um dos mais conhecidos departamentos da Disney University, o Departamento de Atividades do Elenco.

O DRC e, posteriormente, o Departamento de Atividades do Elenco são famosos por criar eventos peculiares destinados a envolver e motivar os membros do elenco. Talvez a Corrida das Canoas do Elenco deva sua origem a um evento de funcionários igualmente inusitado de uma época anterior: as Olimpíadas do Estacionamento. As competições para os membros do elenco do estacionamento incluíam as seguintes modalidades:

Empilhamento de cones: consistia em empilhar a maior quantidade possível de cones em cinco minutos.

Colocação de cones: consistia em enfileirar a maior quantidade possível de cones em linha reta.

As qualidades desanuviantes desses "árduos" eventos provaram ter um valor inestimável para os participantes. Afinal, esses membros do elenco estão literalmente na linha de frente da Disneylândia. Desviar de carros em alta velocidade, responder às perguntas dos convidados e fazer tudo isso sobre uma superfície asfaltada sob o intenso calor do verão tem um preço.

Criar eventos atraentes para os funcionários é apenas uma parte do quebra-cabeça. Divulgar esses eventos entre os membros do elenco promovendo e depois comemorando as atividades é a outra parte.

O primeiro boletim informativo oficial dos funcionários da Disneylândia, o Disneyland *Recreation Club News*, foi lançado em novembro de 1956. Embora nada mais fosse do que algumas páginas de artigos datilografados grampeadas juntas, o primeiro parágrafo da história principal publicada na edição inaugural ditou o tom para décadas de publicações futuras:

> *Os espíritos maléficos à solta na noite*
>
> *Na noite de domingo, 28 de outubro de 1956, o baile do Disneyland Hotel foi invadido.*
>
> *A "invasão" de fantasmas, duendes, espíritos maléficos e beldades em trajes de banho, por acaso, foi o Baile de Máscaras anual da Disneylândia.*[12]

Anos mais tarde, Van novamente recorreu à palavra escrita como uma das muitas ferramentas destinadas a incentivar o trabalho em equipe e melhorar o moral dos membros do elenco. Criar e manter constantemente a alegria ao estilo Disney é uma tarefa árdua, de modo que verdadeiros abismos entre a gerência e a linha de frente começaram a surgir. Em resposta, Van criou outra publicação, uma revista chamada *Backstage Disneyland*, como uma forma, em suas próprias palavras, de "satirizar os problemas em uma publicação dirigida aos funcionários e fazê-los ver que nós percebemos a existência desses problemas".[13]

De acordo com Jim Cora, Van ajudou a fechar a lacuna satirizando os problemas.

– Van criou uma pequena revista chamada *Backstage Disneyland*. A revista tinha um estilo descontraído e cheio de humor. O editor era um membro do elenco muito engraçado chamado Wally Boag. Wally, nosso comediante ao estilo show de variedades, teve uma longa e distinta carreira na Disney como ator de palco. A participação dos membros do elenco como escritores e artistas colaboradores garantia a autenticidade da *Backstage Disneyland* e era um excelente agente motivador. Um desses escritores era um camarada hilariante chamado Steve Martin, que fez uma bela carreira como comediante depois que deixou a Disney. Na época, Steve trabalhava na Magic Shop.

O humor e a sinceridade contidos nas páginas da *Backstage Disneyland* se mostraram uma combinação eficaz. Jim observa também que "Van sabia a importância da comunicação como uma ferramenta gerencial vital".[14]

O *Disneyland Recreation Club News* acabou evoluindo e se transformando em um periódico mais aprimorado, o *The Disneylander*. Esses dois boletins informativos dos funcionários prepararam o cenário para publicações do departamento de Comunicações do Elenco que existem até hoje: o *Disneyland Resort Line* e o *Eyes and Ears of Walt Disney World*.

Por meio do departamento de Comunicações do Elenco, projetos que de outra forma poderiam não chamar a atenção acabam por elevar o moral. Um excelente exemplo é o do ex-membro do elenco que diz:

– Quando a barbearia dos membros do elenco foi reformada, fomos todos convidados a participar de um concurso para dar um novo nome ao estabelecimento. Foram publicadas no *Disneyland Line* algumas sugestões engraçadas, como "As Necessidades do Cabelo" e "Aparas e Tal". Os concorrentes geraram um longo e descontraído debate.[15]

Tecer habilmente o humor na palavra escrita é uma arte há muito utilizada por muitos na Walt Disney Company. As raízes do *Disneyland Recreation Club News* e da *Backstage Disneyland*, com sua combinação de artigos informativos e divertidos, são muito mais profundas do que as do *The ropes at Disney's*, o manual do funcionário que tanto influenciou Van. O precursor dessas publicações foi a figura sem título de um homem desenhada pelo adolescente Walt Disney. Acompanhando o desenho, datado de 1917-1918, está a seguinte máxima: "Desenvolva seu senso de humor, e ele acabará desenvolvendo você".[16]

A cultura da diversão, originada bem antes da construção da Disneylândia, continua a florescer de várias formas, enquanto os membros do elenco prosperam no ambiente adepto da filosofia "trabalhe para valer, divirta-se a valer".

As sandices de Minnie

Kris McNamara, que iniciou a sua carreira de 30 anos como supervisora de Atividades e Comunicações do Elenco, nos dá uma dica vital transmitida por Van:

– Seja criativa, trabalhe em equipe e faça de tudo para que o elenco saiba que você o admira.[17] A equipe do departamento de Atividades do Elenco inclui em muitos de seus eventos a filosofia de Walt e Van de educar divertindo.

Ao longo dos anos, os membros do elenco e seus familiares já desfrutaram eventos únicos que energizam, motivam e, em alguns casos, literalmente iluminam operações do parque respondendo a perguntas como:

– Como é a Montanha-Russa Espacial com as luzes acesas?

– Como são criados os vagalumes dos Piratas do Caribe?

– Qual o segredo por trás dos fantasmas dançarinos da Casa Mal-Assombrada?

Seja por meio de visitas de familiarização aos bastidores, seja por meio de festas anuais, de banquetes de concessão de serviço, de ligas esportivas ou de piqueniques, os departamentos de Atividades do Elenco e Comunicações do Elenco criam e divulgam eventos que aproximam o elenco.

Um bom exemplo são as Sandices de Minnie. Esse evento, realizado dentro do parque após o encerramento das atividades do dia, combina elementos de caça ao tesouro e jogo da velha. Mais de 300 equipes de quatro pessoas (uma deve ser um membro do elenco atual) disputam uma maratona de três horas respondendo a perguntas sobre a história, os parques temáticos, os programas de televisão e os filmes da Disney. O grau de dificuldade das perguntas varia de fácil a difícil, e as provas de esforço físico contribuem para a diversão. Agilidade e precisão são requisitos obrigatórios. Aumentar cada vez mais o nível de exigência da competição é a única limitação imposta às equipes: os quatro membros da equipe são amarrados uns aos outros com uma corda elástica, devendo literalmente se movimentar juntos, como um único corpo.[18,19]

Os desafios e as perguntas cuidadosamente elaborados a cada ano por uma equipe de membros do elenco que faz parte do Conselho Consultivo de Atividades do Elenco garantem que as equipes continuem circulando, explorando cada canto do parque:

– Quantos cavalos fazem parte do carrossel?

– Quantos elefantes existem na atração "Dumbo"? (Sugestão: não despreze os elefantes ocultos nas decorações e nos cartazes que compõem a atração.)

– Quantas balas de canhão e pares de ferraduras existem na Terra da Fronteira?

– Qual a altura mínima em metros e centímetros para andar na Matterhorn?

– Você é capaz de seguir as pistas para encontrar o tesouro escondido próximo aos Piratas do Caribe?

As perguntas e charadas do jogo da velha desafiam até mesmo os fãs mais fervorosos da Disney. Os componentes físicos da noite podem ser igualmente atraentes. Imagine o desfrutável caos das equipes aprendendo e depois executando passos de dança extraídos de uma cena do clássico animado *O Livro da Selva*.

O evento de três horas termina com os membros das equipes comparando entusiasticamente as notas. Aprender fatos novos e incomuns sobre a empresa é sempre divertido. Muitos aproveitam a noite para apresentar seu local de trabalho a familiares e amigos. Somando-se à sensação de realização dos participantes, há também o sentido coletivo de orgulho entre eles. Todos sabem que sua taxa de inscrição é doada a instituições filantrópicas locais. As Sandices de Minnie é um notável evento de angariação de fundos.

Por meio da Disney University, Van France reproduziu o ambiente agradável e produtivo que ele havia originalmente observado nos Estúdios Disney. Oferecer aos membros do elenco oportunidades atraentes e agradáveis de desenvolvimento profissional e pessoal, tanto dentro quanto fora da sala de aula, gera enormes recompensas.

Operando essencialmente de forma independente da Disney University, os departamentos de Atividades do Elenco e Comunicações do Elenco continuam a bolar e a promover eventos criativos e inusitados, sempre com o mesmo objetivo: trazer alegria para aqueles que geram alegria.

Sophie e seus companheiros da Pain Street Paddlers navegam cautelosamente em sua canoa, deslizando suavemente próximo à doca. Reunindo as forças que ainda lhes restam, eles agora têm de desembarcar sem virar a canoa.

Em um momento de reflexão, Sophie se recorda do seu primeiro dia na função, há muitos meses, quando ela participou do programa de orientação na Disney University. Na época, quando o programa estava para terminar, ela ponderou. Como a Disney faz isso? Como eles conseguem manter os funcionários tão motivados e comprometidos?

Ela agora sabe a resposta.

A Disney University e muitas gerações de membros do elenco são incansáveis em seu esforço de manter a filosofia de Walt Disney de que devemos nos divertir e manter a curiosidade.

Por que temos de crescer? Esse é o verdadeiro problema do mundo, muitas pessoas crescem. Elas se esquecem; elas não se lembram da sensação de ter 12 anos.[20]

– Walt Disney

Revisão da lição

TRABALHE E DIVIRTA-SE PARA VALER

Uma história de diversão

– O senso de humor e a curiosidade de Walt Disney formam a base da cultura corporativa do "trabalhe para valer e divirta-se a valer".

– Até mesmo o documento mais banal, um manual de políticas e procedimentos, ganha vida em forma de *Learning the ropes at Disney's*.

Recreação e comunicação

– Desenvolvendo e promovendo eventos criativos e incomuns para os membros do elenco e suas famílias, os departamentos de Atividades do Elenco e Comunicações do Elenco servem a papéis vitais, proporcionando alegria àqueles que geram alegria.

– As Sandices de Minnie exemplifica a filosofia de entreter para educar.

– A Corrida de Canoas do Elenco ajuda a energizar os membros do elenco durante uma época crucial: o pico da temporada turística.

– As Olimpíadas do Estacionamento representam uma tarefa diária transformada em competição criativa.

– Os boletins informativos dos funcionários direcionam a atenção para as atividades destinadas a erigir o moral.

Aplicação das Quatro Circunstâncias de Van

Inovar – Apoiar – Educar – Entreter

Trabalhe para valer e divirta-se a valer

De que maneira o trabalho é contrabalanceado com a diversão em sua empresa? Como as Quatro Circunstâncias de Van são utilizadas para desenvolver e promover as atividades de recreação e comunicação dos funcionários?

Senso de humor

– Qual o papel do humor na cultura de sua empresa?

– Os eventos de recreação de seus funcionários promovem a diversão e o respeito?
– As ferramentas de comunicação de seus funcionários (manuais de políticas e procedimentos) poderiam usar mais a criatividade, a arte e o humor para garantir a assimilação dos conceitos?

Curiosidade

– De que maneira você incentiva a curiosidade e o trabalho em equipe?

– O que existe de peculiar em sua propriedade, em seus produtos, em sua localização ou em sua operação que possa ser promovido para os funcionários e suas famílias?

– Você seria capaz de criar um evento de aprendizado e recreação com os componentes das Sandices de Minnie? Em caso negativo, por que não?

Comunique-se

– Avalie sua abordagem atual à comunicação e recreação dos funcionários. Que mensagem você está transmitindo aos funcionários e suas famílias?

– Os funcionários se sentem valorizados?

– Como você poderia melhorar a agilidade e a precisão da comunicação com os funcionários?

– Em sua empresa, existe o equivalente a um Conselho Consultivo de Atividades do Elenco, encarregado de sugerir ideias para os eventos dos funcionários?

NOTAS

1. Entrevista com Jack Lindquist, presidente aposentado, Disneylândia, 27 de agosto de 2012.
2. Entrevista com Kris McNamara, vice-presidente aposentado de Política Ambiental, The Walt Disney Company, 11 de agosto de 2012.
3. The Walt Disney Company, site da Chip & Company na Internet: <http://www.chipandco.com/canoe-racers-disney-tradition-alive-77332/>.
4. FRENCH, Sally. "Around Disney: 45th Annual Canoe Races at Disneyland", Orange County Register, 06 de agosto de 2008. Disponível em : <http://ocresort.ocregister.com/2008/08/06/45th-annual-canoe-races-at-disneyland>.
5. Blog, Kathleen Prihoda, gerente de Relações de Mídia, Walt Disney World Resort: <http://disneyparks.disney.go.com/blog/2010/07/cast-canoe-races-a-disney-tradition-of-paddles-up-before-dawn/>.
6. Entrevista com Kris McNamara, vice-presidente aposentado de Política Ambiental, The Walt Disney Company, 11 de agosto de 2012.
7. Entrevista com Pam Miller, ex-representante de atividades do elenco, Mickey Mouse Activity Center, 02 de outubro de 2012.
8. FRANCE, Van Arsdale. *Window on main street*, p. 11.
9. FRANCE, Van Arsdale. *Window on main street*, p. 11.
10. Exposição. The Walt Disney Family Museum, 104 Montgomery Street, Presidio of San Francisco, CA 94129.
11. Entrevista com Dave Smith, diretor-arquivista emérito da Walt Disney Archives, 16 de junho de 2012. Documento informativo: *History of Disney training*, de Dave Smith.
12. Entrevista com Dave Smith, diretor-arquivista emérito da Walt Disney Archives, 16 de junho de 2012. Documento informativo: *History of Disney training*, de Dave Smith.
13. FRANCE, Van Arsdale. Window on main street, p. 73.
14. Entrevistas com Jim Cora, presidente aposentado do Conselho de Administração, Disneyland International, 08 de março, 09 e 14 de maio e 26 de julho de 2012.
15. Entrevista com Pam (Miller) Lipp, ex-representante de atividades do elenco, Mickey Mouse Activity Center, 02 de outubro de 2012.
16. Exposição. The Walt Disney Family Museum, 104 Montgomery Street, Presidio of San Francisco, CA 94129.
17. Entrevista com Kris McNamara, vice-presidente aposentado de Política Ambiental, The Walt Disney Company, 11 de agosto de 2012.
18. Entrevista com Kris McNamara, vice-presidente aposentado de Política Ambiental, The Walt Disney Company, 11 de agosto de 2012.
19. FIELDS, Eugene W. "Minnie's Moonlit Madness tests Disney knowledge", Orange County Register, 14 de setembro de 2011. Disponível em: <http://ocresort.ocregister.com/2011/09/14/minnies-moonlit/84964/>.
20. SMITH, Dave. The quotable Walt Disney. Nova York: Disney Enterprises; Disney Editions, 2001. p. 129, 136.

EPÍLOGO

Eu estava convencido de que dirigentes e acionistas poderiam ir e vir, mas o sonho de Walt duraria para sempre.[1]

– Van France

De que maneira as empresas mantêm sua relevância?

A cultura organizacional é dinâmica, assim como as condições em que as empresas devem operar. A Walt Disney Company já vivenciou sua parcela de mudanças, assim como a Disney University.

Desde os primórdios da Disneylândia, na Califórnia, e da Walt Disney World, na Flórida, até as operações internacionais no Japão, na França, em Hong Kong (e em breve em Xangai), a Disney University sempre desempenhou um papel fundamental para a perpetuação do objetivo de Walt Disney de criar "O lugar mais alegre da Terra".

O objetivo não é a perfeição. Nenhuma empresa pode afirmar ter alcançado ou mantido a perfeição. Os programas de treinamento e orientação criados por Van France em 1955 não eram perfeitos. Os programas da Disney University das décadas de 1960 e 1970 parecem completamente diferentes hoje. Durante suas mais de cinco décadas de operação, a Disney University já vivenciou várias mudanças organizacionais, econômicas e societárias. Apesar desses desafios, a instituição se adaptou e continua se adaptando.

A Disney University é muito mais do que salas de aula, programas e treinadores. Como qualquer entidade de desenvolvimento funcional, é um reflexo da saúde e do bem-estar de toda a empresa. Qualquer executivo e membro do elenco, atual e passado, da Disney pode comparar a atual condição da empresa, bem como da Disney University, com o que "já foi no passado". Como em qualquer empresa, haverá sempre fãs celebrando o passado e aqueles que consideram o presente o estado ideal.

Graças à imensa popularidade e reputação dos programas da Disney University, o Instituto Disney foi lançado em 1986. Seus programas ensinam muitos dos conceitos e estratégias da Disney University, expondo, ainda, o brilhantismo de Walt Disney e Van France a inúmeros convidados em todo o mundo.

Espero que todos os leitores deste livro avaliem a saúde e o bem-estar de suas atividades de desenvolvimento funcional. Quer sejam diretores de instituições sem fins lucrativos, quer sejam pequenos empresários, gerentes de restaurantes, voluntários, funcionários do governo, executivos do setor de assistência médica ou executivos na Walt Disney Company, haverá sempre espaço para melhorias.

Jack Lindquist, ex-presidente da Disneylândia e um líder que passou parte de seu tempo com Walt Disney e Van France, diz o seguinte sobre Van:

– Van era um dissidente. Ele não se enquadrava em quaisquer padrões convencionais; ele era o próprio padrão.[2]

O mundo poderia usar alguns outros dissidentes como Van France.

NOTAS

1. FRANCE, Van Arsd*ale. Window on main street*, p. 113.
2. Entrevista com Jack Lindquist, presidente aposentado, Disneylândia, 27 de agosto de 2012.

AGRADECIMENTOS E CRÉDITOS AO ELENCO

Este livro está nas mãos de vocês graças ao apoio e à confiança resolutos de uma equipe incrivelmente apaixonada de profissionais, amigos e familiares.

Escrever sobre ícones como Walt Disney e Van France e as instituições por eles criadas não é uma tarefa assumida por acaso. Executivos que passaram décadas na Walt Disney Company – para muitos deles tratou-se de toda a sua carreira – compartilharam abertamente comigo suas experiências com Walt e Van. Alguns deles foram meus ex-gerentes na Disney, outros ocuparam cargos muitos níveis acima, outros, ainda, foram colegas e companheiros de equipe, e todos contribuíram para este livro. Valorizo profundamente a confiança que me foi depositada para transmitir precisamente as informações que me foram fornecidas.

Sem a colaboração de todos e um trabalho em equipe, este projeto jamais teria sido concluído. Entretanto, sem o apoio de uma pessoa em particular, este projeto nunca teria sequer saído da prancheta. Devo apresentar meus sinceros agradecimentos a Jim Cora, o presidente aposentado do Conselho de Administração da Disneyland International. O livro não teria sido possível sem seu apoio. No decorrer de sua longa e distinta carreira, Jim criou inúmeras oportunidades para muitos membros do elenco da Disney, inclusive para mim. Como líder pragmático, Jim esperava receber e oferecia absoluta dedicação. Jim aprendeu diretamente com Van – e com o próprio Walt – que a filosofia de Walt de "manter a qualidade e o parque limpo e simpático" significa absoluta dedicação ao produto – o espetáculo Disney. Eu sempre soube que Jim era um chefe rigoroso, porém justo. Durante os muitos contatos que tive com ele quando estava escrevendo, no entanto, conheci um lado seu totalmente diferente: Jim era profundamente romântico. Durante uma reunião em sua casa, ele ressaltou um aspecto bastante peculiar que lhe é motivo de muito orgulho. Não se trata da vastidão do belo terreno ajardinado, tampouco da garagem customizada onde ele restaura carros antigos, mas dos ramos das videiras escalando a cerca de seu quintal. Jim, de ascendência libanesa, me contou cheio de orgulho a história de como sua avó trouxe do antigo país as mudas nativas que hoje florescem em seu jardim.

Muitos outros cederam seu precioso tempo me dando conselhos ou, em muitos casos, compartilhando interessantes histórias pessoais sobre suas experiências na Disney. Cada um deles apoiou entusiasticamente o projeto, incentivando-me a escrever sobre Van e a Disney University. A resposta maciça que recebi pode ser sintetizada em uma afirmação feita por todos: "Já estava na hora de alguém escrever sobre Van. Sua história precisa ser compartilhada!". Estes elegantes ex-executivos da Disney são

Dick Cook, Carol Davis-Fernald, Thor Degelmann, Bob De Nayer, Ron Dominguez, Tom Eastman, Jeff Hoffman, Steve Lewelling, Jack Lindquist, Kris McNamara, Darrell Metzger, Ron Miller, Ron Pogue, Bill Ross, Marty Sklar, Craig Smith, Dave Smith, Dianna Stark e Mike Vance. Carol, Bob e Dave: obrigado pela paciência inesgotável quando eu escrevia ou ligava com "só mais uma pergunta".

Transformar ideias e montanhas de anotações em um livro é uma tarefa hercúlea. Sam Fleishman, meu agente literário, empenhou horas de orientação e foi uma sólida fonte de informação e inspiração. A rica formação profissional de Sam, incluindo os anos em que atuou como professor de estudos cinematográficos e de mídia e como produtor de cinema e TV, proporcionou um perfeito equilíbrio entre disciplina e criatividade. Mary Glenn, editora associada da McGraw-Hill Professional, e sua equipe extremamente talentosa garantiram o foco da mensagem. Michael Bergdahl, um brilhante autor, líder empresarial e estimado amigo, me incentivou a assumir o risco de escrever sobre uma figura icônica.

As seguintes pessoas prestaram enorme apoio, ajudando-me com tudo, bem como sugerindo recursos adicionais e verificando a precisão de dados, prazos e estatísticas: Art Agnos, Dave Beeman, Gail Brown, Marilyn Buckhoff, Mike Buckhoff, Lynette Campbell, Kevin Corcoran, Mary Beth Culler, Diane Deacon, David Gordon, Kathy Gunter, Bruce Landry, Lee Lanselle, Nancy Montgomery, Sarah Rezmovitz, Steven Vagnini e Dan Wolf.

Patti Newman me ajudou a manter a paciência e encontrar minha forma de expressão. Al Gianini fazia as perguntas certas. Lorrie Beeman me ajudou com muitas questões tributárias. Àqueles que preferem não ter seus nomes revelados, sou profundamente grato pela ajuda.

Um dos pontos altos de trabalhar neste livro foi o tempo passado na companhia de Ron Miller e Diane Disney Miller. Diane personifica a paixão de seu pai, Walt, e criou uma homenagem à altura do legado dele: O Museu da Família Walt Disney, uma joia da herança Disney situada no parque Presídio, em San Francisco, Califórnia, é um fantástico e profundamente instigante reconhecimento das realizações e dos valores de Walt.

Como sempre, os membros da família me brindaram com paciência, incentivo e amor. Às vezes, eu me sentia como Rip Van Winkle, emergindo do túnel do tempo da minha caverna de escritor, barbado e com os olhos vermelhos, à procura de alimento calórico e espiritual. Incansável, minha família me proveu ambos. Meus pais, Gordon e Polly Lipp, e meus filhos, Allison, Amanda e Keith, todos pacientemente me ofereceram apoio e me orientaram. As sugestões que eles me deram durante as nossas muitas conversas – na hora do jantar, por e-mail, durante as viagens de camping da família – tornaram este livro muito mais agradável ao leitor.

A pessoa que mais merece admiração por oferecer apoio, paciência, criatividade e amor é minha esposa, Pam. Desde os primeiros dias de *brainstorming* de ideias durante as intermináveis horas de editoração, Pam foi uma constante fonte de força. Pam é minha parceira nos negócios e na vida, minha melhor amiga e confidente. O fato de ela ter trabalhado durante anos na Disney também ajuda.

A carreira de Pam na Disney começou na Disneylândia no setor de merchandising e na confecção de bombons no Candy Palace, na Rua Principal (Main Street), e depois como guia de turismo. Pam foi transferida da Disneylândia para os Estúdios Disney a fim de seguir carreira como organizadora de eventos recreativos para os funcionários no Centro de Atividades Mickey Mouse (sim, um lugar real!), um departamento da Disney University. Após uma missão de dois anos no Japão como parte da equipe de implementação da Disneylândia de Tóquio, aceitei um cargo de treinamento na Disney University, nos estúdios. Talvez por carma, destino ou pura sorte, Pam e eu iniciamos nossas atribuições nos Estúdios Disney com apenas três dias de diferença um do outro, em novembro de 1983. Quase três décadas depois, Pam e eu compartilhamos uma vida gratificante dirigindo nossa empresa de consultoria e desfrutando a companhia de nossos três filhos adultos.